Ich will ich sein

Rio Reiser, Ende der 1960er

RIO REISER

ICH WILL ICH SEIN

AUSGEWÄHLTE SONGTEXTE

Zusammengestellt
von Gunther Buskies

ventil

RIO REISER (* 1950 als Ralph Christian Möbius in Berlin; † 1996 in Fresenhagen) war Sänger, Liedtexter, Schauspieler und Aktivist. 1970 Mitgründer der Ton Steine Scherben, die zum Sprachrohr der Gegenkultur der 1970er und einer der einflussreichsten deutschen Bands überhaupt wurden. Nach Auflösung der Ton Steine Scherben 1985 veröffentlichte Rio Reiser sechs Soloalben, die seinen Status als einzigartiger Songwriter und Musiker zementierten. Darüber hinaus schrieb er zahlreiche Bühnenstücke, trat als Schauspieler auf und engagierte sich fortwährend innerhalb der politischen Linken.

S. 31, 41: zitiert aus »König von Deutschland – Erinnerungen an Ton Steine Scherben und mehr«
S. 117–119: Auszug teilweise aus: »Als wir das Wunder waren«, Berlin 2021. Mit freundlicher Genehmigung des Jaron Verlags
Cover, Seite 129: Foto © Sony Music
Seite 2, 157, 212, 225: Foto Privatarchiv Familie Moebius
Seite 8, 25, 33, 47, 59, 73, 103: Foto © Wolfgang Seidel
Seite 181: Foto © Th. Kersten, Unna

In Kooperation
mit Tapete Records

1. Auflage Oktober 2024
ISBN 978-3-95575-232-3

Covergestaltung: Heiko Franz
Innenayout und Satz: Oliver Schmitt
Druck und Bindung: maincontor GmbH

Ventil Verlag, Boppstr. 25, 55118 Mainz
www.ventil-verlag.de

INHALT

MEIN NAME IST MENSCH

1971, LP »Warum geht es mir so dreckig« (TSS)

Ich habe viele Väter, und ich habe viele Mütter
Ich habe viele Schwestern, und ich habe viele Brüder
Meine Väter sind schwarz, und meine Mütter sind gelb
Meine Brüder sind rot, und meine Schwestern sind hell

Ich bin über zehntausend Jahre alt
Und mein Name ist Mensch

Ich lebe von Licht, und ich lebe von Luft
Ich lebe von Liebe, und ich lebe von Brot
Ich habe zwei Augen und kann alles sehn
Ich habe zwei Ohren und kann alles verstehen

Ich bin über zehntausend Jahre alt
Und mein Name ist Mensch

Wir haben einen Feind, er nimmt uns den Tag
Er lebt von unserer Arbeit, und er lebt von unserer Kraft
Er hat zwei Augen, und er will nicht sehen
Und er hat zwei Ohren und will nicht verstehen

Er ist über zehntausend Jahre alt
Und hat viele Namen

Ich weiß, wir werden kämpfen, und ich weiß, wir werden
siegen
Ich weiß, wir werden leben, und wir werden uns lieben
Der Planet Erde wird uns allen gehören
Und jeder wird haben, was er braucht

Es wird keine zehntausend Jahre mehr dauern
Denn die Zeit ist reif

ICH WILL NICHT WERDEN, WAS MEIN ALTER IST

1971, LP »Warum geht es mir so dreckig« (TSS)

Wenn ich nach Hause komme
Sitzt da ein alter Typ
Der meint, er ist mein Vater
Und ich glaub auch, dass er's ist
Wir sehen uns nur manchmal
Und dann reden wir nicht viel
Doch wenn wir reden, sagt er
Junge, aus dir wird mal nicht viel
Alles, was du anfängst
Hörst du gleich wieder auf
Du kannst doch nie 'ne Familie ernähren
Und du kriegst auch keine Braut
Du musst arbeiten
Du musst schuften so wie ich

Aber ich will nicht werden
Was mein Alter ist, nee
Ich will nicht werden
Was mein Alter ist
Ich möchte aufhören
Und pfeifen auf das Geld
Ich weiß, wenn das so weitergeht
Bin ich fertig mit der Welt

Arbeit macht das Leben süß
So süß wie Maschinenöl
Ich mach den ganzen Tag nur Sachen
Die ich gar nicht machen will
Ich möchte gern mal meinem Chef
Die Möbel geradeziehen
Doch ich krieg die Faust nicht aus der Tasche
Ich weiß nicht mehr, was ich will
Ich möchte am liebsten abhauen
Wenn's zu Hause wieder kracht
Ich warte jeden Montagmorgen
Schon auf Freitagnacht
Doch mein Alter sagt
Du musst arbeiten
Du musst schuften so wie ich

Aber ich will nicht werden
Was mein Alter ist, nee
Ich will nicht werden
Was mein Alter ist
Ich möchte aufhören
Und pfeifen auf das Geld
Ich weiß, wenn das so weitergeht
Bin ich fertig mit der Welt

● *Vor Rio gab es nur Udo. Lindenberg war der Erste, den wir damals mit ganz coolen deutschen Texten und Rockmusik zu hören bekamen. Das war noch bevor die eigene Politisierung ihren Lauf nahm. Mitte der Siebziger, noch bevor es mit Punk losging, gab es in der Schule einige ein, zwei Jahre ältere Freaks, die mir Ton Steine Scherben vorstellten, und das war dann wohl eine Initialzündung. Radikale politische Texte mit Rockmusik, die auch noch eine ganz andere Kraft hatten als die von Udo.*

Rio brachte mit seinen Texten eine politische Haltung mit der nötigen Aggression, aber auch mit viel Gefühl rüber, sodass Udo sofort in die zweite Reihe verwiesen wurde. Der Song »Ich will nicht werden, was mein Alter ist« war direkt so weit vorne in der Playlist, dass es auch der erste Scherben-Song war, den wir später mit Slime auf dem Album »Alle gegen alle« gecovert haben. Später folgten dann noch »Der Kampf geht weiter« auf dem 1984er-Livealbum »Pankehallen« und »Wir müssen hier raus« auf der Reunion-Scheibe »Die Letzten« 1989.

Rios Texte haben uns auf jeden Fall den Weg gezeigt, dass man als deutsche Punkband auch deutschsprachige Texte machen kann, beziehungsweise sollte, wenn man seine Message verständlich verbreiten wollte. Die ersten Slime-Songs waren größtenteils auf Englisch, was wir zum Glück schon auf dem Debütalbum nur noch auf einer Seite der Scheibe zum Besten gaben. Ab der zweiten Scheibe war dann klar, nur noch auf Deutsch.

Von 1989 bis 1996 war ich neben Slime auch mit Abwärts unterwegs, und Bassist Jochen Hansen, der in Rios Band gespielt hatte, wurde ein guter Freund von mir und hatte ein paar schöne Anekdoten über seine Zeit mit Rio auf Lager. Rio selbst haben wir mit Slime nur ein Mal getroffen, bei einem gemeinsamen Konzert in der Holstenhalle in Rendsburg, irgendwann Anfang der Achtziger. War ein nettes Meet and Greet backstage, aber mehr haben wir uns damals nicht getraut zu quatschen, wahrscheinlich aus zu großem Respekt.

Ca. 1997/98 war ich dann Gitarrist und Songwriter bei meinem Projekt »ELF« und fast gleichzeitig auch noch mit Dirk, dem Slime-Sänger, in der Band C.I.A. Mit »ELF« coverten wir auf dem ersten Album den Rio-Song »Alles Lüge« und mit C.I.A. »König von Deutschland«, wo wir sogar die Genehmigung des Verlags bekamen, den Text etwas zu verändern. Es gab drei Strophen und auch zwei Gastsänger namens Bela B. und Axel Kurth (WIZO). Dirk und die anderen zwei haben sich jeweils eine neue Strophe gebastelt.

Die Proben zur C.I.A.-Scheibe fanden damals auf dem noch existierenden Hof der Scherben in Fresenhagen statt, wo wir leider – aber immerhin – nur noch Lanrue kennenlernten, der den Laden nach Rios Tod schmiss. Jochen Hansen hatte uns die Connection verschafft, den Proberaum der Scherben dort mieten zu können. Die etwa sieben Tage, die wir da verbrachten, waren sehr inspirierend, und Rios Geist schwebte irgendwie überall durch die Räume. Er hat einfach wunderbare, kraftvolle und inspirierende Texte und Songs geschrieben, mit denen kein anderer deutschsprachiger Songwriter konkurrieren konnte und kann.

– Michael Mayer (Slime)

DER KAMPF GEHT WEITER

1971, LP »Warum geht es mir so dreckig« (TSS)

Wie viel sind hinter Gittern, die die Freiheit wollen
Wie viel sind hinter Gittern, die wir draußen brauchen
Wie viel sind hinter Gittern, nach dem Gesetz
Wer das Geld hat, hat die Macht, und wer die Macht hat, hat das Recht

Wie viel liegen in der Sonne und betrügen die Welt
Fahren dicke Autos von unserem Geld
Nennen uns ihre Sklaven nach ihrem Gesetz
Wer das Geld hat, hat die Macht, und wer die Macht hat, hat das Recht

Die Richter und Staatsanwälte, für wen sind die da
Für die Kapitalisten und für ihren Staat
Sie verurteilen uns, nach ihrem Gesetz
Wer das Geld hat, hat die Macht, und wer die Macht hat, hat das Recht

Sie sind gekauft, um uns zu quälen
Sie schützen die Reichen, die uns bestehlen
Und verurteilen uns, nach ihrem Scheißgesetz
Wer das Geld hat, hat die Macht, und wer die Macht hat, hat das Recht

Sie nehmen uns aus
Sie schmeißen uns raus
Sie tun nichts für uns
Doch sie leben von uns
Sie nennen uns ihre Sklaven
Und wenn wir kämpfen, werden sie uns jagen
Denn sie wissen: Der Kampf geht weiter
Und sie wissen: Die Wahrheit wird siegen

Und ihr hinter Gittern, gebt die Hoffnung nicht auf
Eure Richter sind feige, eure Wächter sind gekauft
Sie fürchten sich nur vor einem Gesetz
Wer für das Volk kämpft, der hat das Recht

Ihr seid die Gefangenen im Klassenkampf
Dem Kampf um unsere Zukunft und für unser Land
Und es gibt für uns nur ein Gesetz
Wir brauchen keine Sklaven und keine Chefs

Sie nehmen uns aus
Sie schmeißen uns raus
Sie tun nichts für uns
Doch sie leben von uns
Sie sperren uns hinter Gitter
Weil sie zu Hause sitzen und vor uns zittern
Denn sie wissen: Der Kampf geht weiter
Und sie wissen: Die Wahrheit wird siegen

SOLIDARITÄT

1971, LP »Warum geht es mir so dreckig« (TSS)

Uns fehlt nicht die Zeit
Uns fehlt nicht die Kraft
Uns fehlt nicht das Geld
Uns fehlt nicht die Macht

Was wir wollen, können wir erreichen
Wenn wir wollen, stehen alle Räder still
Wir haben keine Angst zu kämpfen
Denn die Freiheit ist unser Ziel
Alles, was uns fehlt, ist die Solidarität

Uns fehlt nicht die Hoffnung
Uns fehlt nicht der Mut
Uns fehlt nicht die Kraft
Uns fehlt nicht die Wut

Was wir wollen, können wir erreichen
Wenn wir wollen, stehen alle Räder still
Wir haben keine Angst zu kämpfen
Denn die Freiheit ist unser Ziel
Alles, was uns fehlt, ist die Solidarität
Die Solidarität

SKLAVENHÄNDLER

1971, LP »Warum geht es mir so dreckig« (TSS)

Sklavenhändler, hast du Arbeit für mich
Sklavenhändler, ich tu alles für dich
Sklavenhändler, hast du Arbeit für mich
Sklavenhändler, ich tu alles für dich

Ich verkauf dir meine Hände
Ich verkauf dir meinen Kopf
Ich versprech dir, nicht viel zu denken
Und ich schau dir nicht in deinen Topf
Für mich bist du der Engel
Der uns Armen Arbeit gibt
Ohne dich wär ich verhungert
Ich bin froh, dass es dich gibt

Sklavenhändler, hast du Arbeit für mich
Sklavenhändler, ich tu alles für dich
Sklavenhändler, geh zum Telefon
Hörst du nicht, es klingelt schon

Und wenn ich sieben fuffzich verdiene
Geb ich dir drei fuffzich ab
Ich brauch sowieso nur was zu essen
Und vielleicht ein bisschen Schnaps
Ich brauch überhaupt nicht viel Geld
Denn ich bin ein schlechter Mensch
Hab mein ganzes Leben nichts gelernt
Außer dass man besser die Fresse hält

Sklavenhändler, geh zum Telefon
Sklavenhändler, es klingelt schon
Sklavenhändler, hast du Arbeit für mich
Sklavenhändler, ich tu alles für dich

○ *Sklavenhändler – worum geht es da? Um Sklavenjagd in Afrika für die Baumwollplantagen im fernen Amerika oder für den Harem von Emiren und Sultanen am anderen Ufer des Roten Meeres? Nein. Es geht um ein Geschäftsmodell, das man heute Leiharbeitsfirmen nennt. Ein Euphemismus, denn diese Firmen verleihen keine Arbeit, sie verleihen Arbeiter. Wobei die Textzeile »Wenn ich sieben fuffzich verdiene, geb ich dir drei fuffzich ab« immer noch gilt, auch wenn jetzt in Euro statt D-Mark gerechnet wird. Und unterhalb des legalen Geschäfts mit der Verleihung von Arbeitern existiert immer noch die illegale Variante, wo ein Kleinbus die an einem Treffpunkt Wartenden, auf Arbeit und ein paar Euro Hoffenden einsammelt und zur nächsten Baustelle karrt, wo sie dann zehn oder zwölf Stunden rackern und oft genug um ihren Lohn geprellt werden. Da es sich bei vielen, die auf diese Weise versuchen, ein paar Euro zu verdienen, um Menschen ohne Papiere oder Aufenthaltsgenehmigung handelt, die unsichtbar bleiben wollen, brauchen betrügerische Leiharbeitsunternehmer auch kaum juristische Konsequenzen zu fürchten.*

Die erste Strophe des Songs ist also immer noch aktuell. Die zweite Strophe gibt dann ironisch den naserümpfenden Blick des Spießbürgers auf die »Kundschaft« des Sklavenhändlers wieder. Dabei waren, als der Song entstand, viele dabei, für die das »mein ganzes Leben nichts gelernt« die Folge war von Biografien, die durch Krieg und die Wirren der ersten Nachkriegsjahre aus den geordneten Bahnen geworfen waren. Schnaps – es gab viele durch den Krieg traumatisierte Menschen, um die sich niemand kümmerte und deren einzige, selbst verordnete Medizin der Schnaps war. In den Kneipen, in denen Ton Steine Scherben Anfang der Siebziger herumhingen, konnte man die erstaunlichsten Menschen treffen. Verhinderte Philosophen, die einem die Welt erklärten, solange der Getränkenachschub gesichert war. Poeten, die ihre Gedichte auf den Tresen kritzelten, oder Maler, die ihre Zeche mit ihren Bildern bezahlten. Wer kein Talent zum Malen hatte, machte sich im Morgengrauen auf zum Sklavenhändler.

Dort traf man schon ab Mitte der Sechziger auf eine neue, jüngere Klientel. Bei der war es nicht die Unfähigkeit zu einer geregelten Arbeit, sondern der Unwille: Gammler. Die waren die erste Jugendbewegung, die sich mitten in den Wirtschaftswunderjahren der Bundesrepublik von Leistung und Konsum abwandten. Zum Sklavenhändler gingen die aber nur, wenn es sich überhaupt nicht vermeiden ließ und auch kein Elternhaus einen auffing. Lieber verbrachte man den Tag im Park. In West-Berlin waren die Treppen der Gedächtniskirche der beliebteste Treffpunkt, sehr zum Zorn der »anständigen« Bürger, die dort zur Arbeit hasteten oder in die Kaufhäuser strömten. Beim Anblick der den Tag an sich vorbeifließen lassenden Gammler produzierten nicht wenige dieser »Anständigen« Sätze, die mit »Bei Adolf hätte man euch ...« begannen. (Filmtipp: »Herbst der Gammler«, Regie: Peter Fleischmann, 1967)

Wenn in den Kneipen Musik gemacht wurde, dann am ehesten auf einem verstimmten Klavier, dessen Filze jahrzehntelang Bier und Nikotin aufgesogen hatten. Für die Gammler war die Gitarre das bevorzugte Instrument, das einen auf Reisen quer durch Europa und bis nach Nordafrika begleitete. Die musikalische Liebe galt Folk und Blues. Der Blues klang allerdings eher nach Wandervogel als nach dem Delta des Mississippi. Begleitet wurde das dann von ausdauernden Bongo-Spielern, die ihren Traum vom Orient mit stoischem Beat und Haschpfeife träumten. Musikalisch versucht die Aufnahme des »Sklavenhändlers« auf der ersten Scherben-LP dies einzufangen – mit einigem Erfolg.

– Wolfgang Seidel
(Ton Steine Scherben)

ALLEIN MACHEN SIE DICH EIN

1971, 7" »Allein machen sie dich ein« (TSS)

Allein machen sie dich ein
Schmeißen sie dich raus, lachen sie dich aus
Und wenn du was dagegen machst
Sperren sie dich in den nächsten Knast

Und alles, was du da noch sagen kannst, ist
»Das ist 'n ganz schöner Hammer, ey Mann!«

Zu zweit, zu dritt, zu vieren
Wird auch nix anderes passieren
Sie werden ihre Knüppel holen
Und uns ganz schön das Kreuz versohlen

Und alles, was du da noch sagen kannst, ist
»Das ist 'n ganz schöner Hammer, ey Mann!«

Zu Hundert oder Tausend
Kriegen sie langsam Ohrensausen
Sie werden zwar sagen, das ist nicht viel
Aber Tausend sind auch kein Pappenstiel

Und was nicht ist, das kann noch werden
Wir können uns ganz schnell vermehren

In dem Land, in dem wir wohnen
Sind aber ein paar Millionen
Wenn wir uns erst mal einig sind
Weht, glaub ich, ein ganz anderer Wind
Dann werden sie nicht mehr lachen
Sondern sich auf die Socken machen
Auf die Bahamas oder ins Tessin
Der Teufel weiß am besten, wohin

Und du weißt, das wird passieren
Wenn wir uns organisieren

Der Drei-Akkorde-Song »Allein machen sie dich ein« entstand im Sommer 1971, als Albrecht Metzger für die Fernsehsendung »Jour fix« vom Südfunk Stuttgart über die Besetzung des Jugendzentrums in Berlin-Kreuzberg berichtete. Ursprünglich lautete der Titel »Organisationssong«.

In der Zeit gab es viele sogenannte K-Gruppen, die alle für sich den Alleinvertretungsanspruch deklarierten. Am Schluss der Aufnahme für das Album »Keine Macht für Niemand« (von diesem Lied gibt es zwei Aufnahmen) nehmen die Scherben dieses Ansinnen der K-Gruppen auf die Schippe, wenn Rio singt »... und du weißt, das wird passieren, wenn wir uns organisieren ...« und Schlotterer ironisch dazwischenruft: »In der Partei« und Rio wiederum dementiert: »Nee«.

Die Scherben wollten sich von niemandem vereinnahmen lassen. Trotzdem war die Message des Songs richtig, sich mit vielen Gleichgesinnten zusammenzuschließen, wenn man bestimme Ziele erreichen möchte, frei nach dem Slogan »Einen Finger kann man brechen, fünf Finger sind eine Faust«, der damals sehr angesagt war.

– Kai Sichtermann (Ton Steine Scherben)

Rio Reiser war der einzige erträgliche Rocksänger. Ihm gelang es, verlockend und dabei klar auszusprechen. In deutscher Sprache. Tja, Kollegen. Aber keine Angst, das hat bei euch anderen Shoutern nichts mit schlechtem Handwerk zu tun. Viele von euch haben durchaus Voice. Richtig Power. Den Hals und den Body, die aufgestaute Wucht und/oder Wut sogar. Aber ihr rockt eben nur. Weil ihr unbedingt rocken wollt. Und das ist das Problem. Ihr rockt und fühlt euch geil rockig dabei, »geht« darin »ab«. Wie ultrapotente, überbetonende Schauspieler, die – wie man sagt – sich »auf was draufsetzen«. Auf Text. Auf Meinung. Unterstreichen/verstärken/anpinseln. Mit geilem Geruch. Mit geilem Rock. Die Steigerung eines geilen Rocksängers ist ein übergeiler Schauspieler, der auch mal krass »die Bühne rocken« will (wie urpotente Schauspieler das auch ständig vor sich her tröten). Es muss erwähnt werden, dass es voll tolle Schauspieler und Schauspielerinnen gibt, die gar nicht erst auf die Idee kommen, happig »affzurocken«, weil sie zu schlau sind, weil sie die Bühnen nicht verwechseln.

Der einzig erträgliche Rocksänger deutscher Sprache aber, Rio Reiser, hatte den richtigen Schluck genommen beim Rockbühnenboden-Bespielen. Dieser Schluck heißt Zweifel-Skepsis-mit-Disziplin. Komprimiert erzählt, nennt man das Coolness. Kühl bleiben, trotz der Versuchung, mal so richtig »zu fetzen« oder »Gas zu geben«, gehörig »die Sau«, beziehungsweise »die Luzie« rauszulassen. Rio Reiser verstand es, im Showmodus andere und sich selbst auf überlegenen Abstand zu halten und dabei in mitreißendes, undoofes Schwitzen überzusetzen (Schwitzen, eigentlich der tödliche Gegenspieler von Cool!!!). Und er verstand es vor dem Hintergrund der Zeiten, zwischen Razzien wegen »Deutscher Herbst«-Hysterie zum Beispiel in ihrer Kommune am Tempelhofer Ufer, vielen – auch sehr persönlichen – Bedrohungen wie dem Paragrafen 175 (»Widernatürliche Unzucht«), Teil zu sein an zum Beispiel wirklich kollektiven Aufnahmen (das schwarze Album) und darüber hinaus. Und alles mit Emotionen für zehn, in einer sinnigen Individualität innerhalb von Gemeinschaft, die bis heute tief berührt. Es gibt diese Filmaufnahme der Ton Steine Scherben von 1972 von »Allein machen sie dich ein«, geklatscht, getrommelt, gerasselt von ganz, ganz vielen. Miteinander, ganz bei sich, in »Keine Macht für Niemand«. Wir haben den Song mit den Goldenen Zitronen live gecovert. Später habe ich das nochmal allein als kleines Video versucht für einen Jubiläumsanlass, so als Entrückter, Schwacher, ein Psycho im Bademantel. Jedenfalls, die Revolution, die Vision der sich verpissenden Autoritären und Autokraten aus »Allein machen sie dich ein«, ist noch nicht gekommen. Aber Rio Reiser, der nicht rockende Toprockige ging auch nie abhanden. Zum Glück und im Gegenteil.

– Schorsch Kamerun (Die Goldenen Zitronen)

Rio Reiser und Kai Sichtermann, Mitte der 1970er

DER TRAUM IST AUS

1972, LP »Keine Macht für Niemand« (TSS)

Ich hab geträumt, der Winter wär vorbei
Du warst hier, und wir waren frei
Und die Morgensonne schien
Es gab keine Angst und nichts zu verlieren
Es war Friede bei den Menschen und unter den Tieren
Das war das Paradies

Der Traum ist aus
Aber ich werde alles geben, dass er Wirklichkeit wird

Ich hab geträumt, der Krieg wär vorbei
Du warst hier, und wir waren frei
Und die Morgensonne schien
Alle Türen waren offen, die Gefängnisse leer
Es gab keine Waffen und keine Kriege mehr
Das war das Paradies

Der Traum ist aus
Aber ich werde alles geben, dass er Wirklichkeit wird

Gibt es ein Land auf der Erde
Wo der Traum Wirklichkeit ist
Ich weiß es wirklich nicht
Ich weiß nur eins, und da bin ich sicher
Dieses Land ist es nicht

Der Traum ist ein Traum, zu dieser Zeit,
doch nicht mehr lange, mach dich bereit
Für den Kampf ums Paradies
Wir haben nichts zu verlieren außer unserer Angst
Es ist unsere Zukunft, unser Land
Gib mir deine Liebe, gib mir deine Hand

Der Traum ist aus
Aber ich werde alles geben, dass er Wirklichkeit wird

Der Song war die Frucht einer Eingebung, die Rio buchstäblich über Nacht hatte. Er wachte eines Morgens auf, und der Song war da. Ich erinnere mich: »Es war am Tempelhofer Ufer im Winter 1971/72. Ich kam morgens in die Küche, und Rio saß am Küchentisch und schrieb was. Es war ungewöhnlich, Rio schon so früh am Morgen wach zu sehen. Barfuß, im T-Shirt und noch etwas verschlafen, murmelte er etwas von einem Song, den er im Kopf habe. Dann schnappte er sich eine Gitarre, probierte kurz ein paar Akkorde und spielte mir den kompletten Song wie aus einem Guss vor. Die Szene hatte beinahe etwas Feierliches. Es kam mir so vor, als wäre Rio über das, was er gerade gesungen hatte, genauso erstaunt wie ich. Wahrscheinlich wussten wir beide in diesem Moment, dass dieser Song eine Klasse für sich ist.«

– Kai Sichtermann
(Ton Steine Scherben)

Ein Lied, eine Botschaft, als wäre sie für die jetzige Zeit geschrieben.

Rio kennt die Abgründe, aber zeigt auf das Licht, die Hoffnung und den Glauben an ein Miteinander.

Auch ich werde weiterhin alles geben, dass der Traum Wirklichkeit wird.

– Jan Plewka

● Vor etwas mehr als vierzig Jahre hat mich der »Blitz« getroffen. Annette Humpe hat mich angerufen und mir gesagt, dass es am Abend irgendwo in West-Berlin ein Konzert gebe und ich unbedingt mitmüsse. An den Ort kann ich mich nicht mehr erinnern. Spielt keine Rolle, denn was mir dort begegnete, war so prägend, dass alles andere in den Hintergrund geriet.

Annette und ihre damalige Band Ideal hatten in den Jahren zuvor mehrere gemeinsame Auftritte mit Ton Steine Scherben gespielt. An dem Abend waren wir auf dem Weg zu einem Scherben-Konzert, diesmal auch mit ein paar Gästen, Marianne Rosenberg und Blixa Bargeld von den Einstürzenden Neubauten. Eine ungewöhnliche Kombination, aber spannend.

Annette wollte aber unbedingt, dass ich den Sänger mal live erlebe, denn sie fand ihn unglaublich toll. An dem Abend hatte ich nichts weiter vor, also bin ich – ohne große Erwartungen – mit ihr hingegangen.

Das Konzert fing ziemlich chaotisch an. Es war laut und der Sound nicht besonders gut, aber die Energie war deutlich zu spüren. Und dann zog sich die Band zurück, der Sänger setzte sich an den Flügel, und es war plötzlich still im Raum.

Nach einer kurzen Piano-Einleitung fing Rio an zu singen … »Ich hab geträumt, der Winter wär vorbei, du warst hier, und wir waren frei, und die Morgensonne schien …«

Seine Stimme drängelte sich durch meine Ohren direkt in meine Seele. Ich war wie gelähmt …

Nach dem Konzert haben wir uns ausgetauscht und sind uns auch als Menschen begegnet und haben uns gleich gesehen.

Es war der Beginn einer besonderen Zusammenarbeit und engen Beziehung, die bis zum Ende seines Lebens und darüber hinaus dauern sollte. Denn seine Texte und seine Impulse sind nicht nur zeitlos, sondern aktueller denn je und berühren mich bis heute.

– George Glueck

DIE LETZTE SCHLACHT GEWINNEN WIR

1972, LP »Keine Macht für Niemand« (TSS)

Wir brauchen keine Hausbesitzer
Denn die Häuser gehören uns
Wir brauchen keine Fabrikbesitzer
Die Fabriken gehören uns

Aus dem Weg, Kapitalisten
Die letzte Schlacht gewinnen wir
Schmeißt die Knarre weg, Polizisten
Die rote Front und die schwarze Front sind hier

Wir brauchen keinen starken Mann
Denn wir sind selber stark genug
Wir wissen selber, was zu tun ist
Unser Kopf ist groß genug

Aus dem Weg, Kapitalisten
Die letzte Schlacht gewinnen wir
Schmeißt die Knarre weg, Polizisten
Die rote Front und die schwarze Front sind hier

Unser Kampf bedeutet Frieden
Und wir bekämpfen euren Krieg
Jede Schlacht, die wir verlieren
Bedeutet unseren nächsten Sieg

Aus dem Weg, Kapitalisten
Die letzte Schlacht gewinnen wir
Schmeißt die Knarre weg, Polizisten
Die rote Front und die schwarze Front sind hier

● *»Die letzte Schlacht gewinnen wir« war mein Versuch, ein kämpferisches, schnelles Lied zu schreiben, das »Macht kaputt, was euch kaputt macht« ersetzen sollte. Dieses Werk war uns nämlich mittlerweile unheimlich geworden.*

– Rio Reiser

KEINE MACHT FÜR NIEMAND

1972, LP »Keine Macht für Niemand« (TSS)

Ich bin nicht frei und kann nur wählen
Welche Diebe mich bestehlen, welche Mörder mir befehlen
Ich bin tausendmal verblutet, und sie haben mich vergessen
Ich bin tausendmal verhungert, und sie waren vollgefressen

Im Süden, im Osten, im Westen, im Norden
Es sind überall dieselben, die uns ermorden
In jeder Stadt und in jedem Land
Schreibt die Parole an jede Wand
Keine Macht für niemand!

Reißen wir die Mauern ein, die uns trennen
Kommt zusammen, Leute, lernt euch kennen
Du bist nicht besser als der neben dir
Keiner hat das Recht, Menschen zu regieren

Im Süden, im Osten, im Norden, im Westen
Es sind überall dieselben, die uns erpressen
In jeder Stadt und in jedem Land
Heißt die Parole von unserem Kampf
Keine Macht für niemand!

Komm rüber, Bruder, reih dich ein
Komm rüber, Schwester, du bist nicht allein
Komm rüber, Mutter, wir sind auf deiner Seite
Komm rüber, Alter, wir wollen das Gleiche

In Augsburg, in München, Frankfurt, Saarbrücken
Es sind überall dieselben, die uns unterdrücken
In jeder Stadt und in jedem Land
Mach ’ne Faust aus deiner Hand
Keine Macht für niemand!

»Mein Name ist Mensch«: Rio und R.P.S. Lanrue, 1970

● *Wir waren 1972 im Alster-Studio in Hamburg und hatten schon sieben Songs fertig, brauchten aber noch mehr. In der Nacht davor hatten wir in Ahrensburg übernachtet, da hatte Rio im Underground-Blatt »Germania« den Satz »Keine Macht für Niemand« gelesen. Davon inspiriert, schrieb Rio einen Songtext, war aber verunsichert, er fand den stellenweise ein bisschen kitschig. Am letzten Tag der Aufnahmen, in der Mittagspause, nahm ich mir den Text zu Herzen, ging in den Pausenraum, und in diesem Moment floss der Song einfach aus mir heraus. Das war eine Sache von zehn Minuten, dann hatte ich den fertig. Die*

Synthese zwischen Text und Musik sorgte in diesen Fall dafür, dass das, was Rio etwas trivial fand, »Komm rüber, Schwester, du bist nicht allein, komm rüber, Mutter, wir sind auf deiner Seite«, relativiert wurde.

– R.P.S. Lanrue (Ton Steine Scherben)

● *Das größte Rätsel, das mir Rio Reiser und Ton Steine Scherben bis heute aufgeben, ist wohl die Frage, warum es so lange gedauert hat, bis es endlich bei mir klickte. Anfang der Achtziger kippte ich Zuckerwasser in meine Haare, sprühte mir das Bandlogo von The Exploited auf die benietete Lederjacke und pinselte »Destroy Society« auf meinen Ärmel. Ein Song wie »Keine Macht für Niemand« hätte damals schon perfekt in meine Protest-Playlist gepasst.*

Wir saßen bei meinem Kumpel Frank, den alle nur »Turbo« nannten, weil er fast so schnell laufen konnte wie Annegret Richter, in der Bude seiner Eltern, die sich beide vom Acker gemacht hatten, und leerten Dosenbiere im Dutzend. Turbo legte irgendwann Ton Steine Scherben auf. Dieser motzige Tonfall, in dem Rio davon sang, wie er von der Arbeit nach Hause kommt und sich ein bisschen was zu fressen bei Karstadt geklaut hat, das lief mir rein wie kaltes Karlsquell.

Mein Alter arbeitete bei Karstadt, ich hatte kurz zuvor eine Torte aus dem Schaufenster eines Bäckers bei uns auf der Ecke geklaut, auch das also eigentlich eine Liebeshochzeit, dennoch schaffte Rio es immer noch nicht auf meinen Plattenteller.

Als mein bester Kumpel mir mit großen Augen »König von Deutschland« vorspielte und meinte, dass das ja wohl der beste Song mindestens des Jahres sei, war mir das alles irgendwie zu glatt poliert, auch wenn ich den Text klasse fand.

Lieber Rio, verzeih mir meine Sturheit und die Tatsache, dass ich mich da so lange so bockig angestellt habe. Zum Glück löste sich der Knoten dann doch noch irgendwann. Zwei Coverversionen ebneten dem norddeutschen Dickkopf in mir endgültig den Weg. Zum einen das Lied »Ich bin müde« in der Version von Fettes Brot, mit diesem unglaublichen Clip, in dem Oliver Korittke und Laura Tonke sich ihren letzten Rest Liebe wegrangeln. »Du kommst vierzehn dreißig, ich um halb drei«, kann man das universelle Beziehungsdilemma schöner in Worte fassen?

Und dann Rocko Schamonis Version von »Im Morgenlicht«, in Klang gegossener Aufbruch, Selbstermächtigung auf hohen Schuhen. Wir drehen uns in der Sonne. Und ich drehte mich mit. Der Text war im Original zwar nicht von Rio, aber sein Gesang drang direkt zu mir durch, die Intensität, diese Aufbruchstimmung: Sag mir nicht, wohin die Reise geht. Grandios.

Und dann liegt da diese Schallplatte, welk wie Blätter auf Beton, am Straßenrand. Der Vater meiner Freundin sammelt sie auf, es ist das Album »Keine Macht für Niemand«. Das könnte doch was für Ingo sein, so lässt er es als Gruß an mich übermitteln, und tatsächlich: Das könnte nicht nur, das ist etwas für Ingo, von diesem Moment an, spät, aber nicht minder intensiv, im Gegenteil. »Keine Macht für Niemand«, der Titelsong ist von heute aus gesehen wie ein Lied, das mich schon kannte, bevor ich es überhaupt zum ersten Mal gehört habe. Keine Macht für niemand, das war letztlich alles, was ich in anderer Form bereits inhaliert hatte. Der Punkslogan auf meiner Jacke, die Faust im Kampf ums besetzte Haus, in dem ich den zweiten Gig meines Lebens gespielt hatte, meine drei Ehrenrunden in der Schule, das Nein zum Wehrdienst, jedes einzelne Bandshirt in meinem Kleiderschrank – das war und ist Sex Pistols, Crass und Tocotronic in einem. Der Soundtrack meines Lebens, eines prägenden Teils davon, auch wenn es etwas länger gedauert hat, bis mir das klar wurde. Dafür aber sind diese Songs zu mir gekommen, um für immer zu bleiben.

Danke für alles, Rio.

– Ingo Scheel

KOMM SCHLAF BEI MIR

1972, LP »Keine Macht für Niemand« (TSS)

Die Sonne kommt, und du bist hier
Ich kann dich fühlen, ich bin ein Teil von dir
Weißt du jetzt, dass du frei bist
Weißt du jetzt, wer du bist
Weißt du jetzt, was du tun willst
Ich bin nicht unter dir
Ich bin nicht über dir
Ich bin neben dir

Komm schlaf bei mir
Komm schlaf bei mir
Schlaf bei mir!

Ich hab Zeit, denn ich liebe dich
Ich hab Kraft, denn ich liebe dich
Du machst mich stark
Du gibst mir Kraft
Du machst mich groß
Jetzt erst weiß ich sicher
Wofür ich geboren bin

Komm schlaf bei mir
Komm schlaf bei mir
Schlaf bei mir!

○ *»Komm schlaf bei mir« thematisiert nicht nur die freie Liebe, sondern auch die Gleichberechtigung. Ein zarter, versöhnlicher Abschluss des Albums »Keine Macht für Niemand« mit sonst vielen konfliktbeladenden Songtexten. Ohne die 68er-Bewegung mit der Love-and-Peace-Message der Hippies wäre dieser Song vermutlich nicht entstanden. Ein wahrhaftiges Liebeslied á la Rio.*

– Angie Olbrich (Carambolage)

○ *»Vielleicht haben die Leute während des Fade-outs unglaublich wundervolle Dinge zueinander gesagt ...«, mutmaßte mir gegenüber einst nachdenklich der große, englische Songwriter Stephen Duffy. Wir saßen auf seiner Veranda in Great Malvern, tranken Tee und philosophierten gerade über ein magisches Mysterium: Wie es wohl zugegangen sein mochte, damals, in den allerallerersten Discos Ende der Sechziger-, Anfang der Siebzigerjahre. Als Disco noch nicht Disco hieß. Als das zarte, neue, popkulturelle Pflänzchen noch maßgeblich mit Mitteln gedüngt wurde, die aus dem bereits prächtig blühenden Biotop der alternativen Gegenkultur stammten: musikalisch, idealistisch, drogistisch, mit Ölscheibenprojektionen und den ersten, noch primitiven Stroboskopen. Als die Songs noch nicht ineinandergemixt wurden, sondern ganz ausgespielt, eben inklusive des ganzen Fade-outs.*

Vielleicht gehörten zu diesen unglaublich wundervollen Dingen, die da auf der Tanzfläche gesagt wurden, Sätze wie: »Die Sonne kommt, und du bist hier.« Und das unglaublich wunderschöne Gegenüber antwortete darauf vielleicht mit den Worten: »Ich kann dich fühlen, ich bin ein Teil von dir.« Und weiter im Dialog: »Weißt du jetzt, dass du frei bist? Weißt du jetzt, wer du bist?« Worauf es zurückkam: »Jetzt erst weiß ich sicher, wofür ich geboren bin ...«

»Komm schlaf bei mir« von Ton Steine Scherben: Das ist natürlich gewiss kein typisches Discostück, wie es der kleine Travolta sich vorstellt – es ist aber auch alles andere als eine

Zwischen-den-Laken-Ballade, wie es der Titel vielleicht suggerieren könnte. Mit von mir eigenhändig nachgemessenen 128 bpm verfügt es über eine äußerst flotte und dabei schnurgerade Schlagzahl. Dieser muntere Puls wird rhythmisch von rappelnden Bongos, einem minimalistischen Glockenspiel-Motiv sowie einer frenetisch geschlagenen Akustik-Klampfe getragen (normalerweise lehne ich es ja ab, den Begriff »Klampfe« zu benutzen, wie auch das später im Text noch verwendete »pofen«; beide scheinen mir in diesem Kontext aus Gründen kultureller Korrektheit jedoch unverzichtbar).

Wenn man also weiß, dass zu den Grundzutaten der Ursuppe der frühen Discomusik eine ganze Menge Material aus dem Hippie-Spektrum gehörte, kann man sich mühelos herbeifantasieren, wie am Ende der Nacht, zumindest in der alten BRD, zu diesem Lied träumerisch verzückt getanzt und unglaublich wundervolle Dinge gesagt wurden, grandiose Botschaften von Freiheit, Liebe und freier Liebe, »stark machend« und »Kraft gebend«, um Rio Reisers Zeilen weiter zu zitieren.

Revolutionäre Gesinnung manifestierte sich eben nicht nur bei Demos auf der Straße oder bei Diskussionen in Kommunenküchen, sondern auch auf Partys, Festivals oder in den frühen psychedelischen Discos wie etwa dem Grünspan auf St. Pauli. Gerade die hedonistischeren Hippie-Fraktionen zelebrierten die kollektive Tanz-Ekstase oft, ausgiebig und im Sinne eines antibürgerlichen, tribalistischen Ausdrucks- und Befreiungsrituals. Die Möglichkeit zu tranceartiger Versenkung im Groove schufen dabei nicht nur verschiedene Funk-Formen aus den USA oder tanzbarer Rock von Santana, Led Zeppelin, den frühen Chicago oder Iron Butterfly. Gerade auch krautige Spielarten aus Westdeutschland boten sich dazu bestens an. Denken wir an Can, denken wir an Neu!, denken wir an Birth Control und all die anderen Langhaarigen, die sich in gern endlosen Jams verströmten, in denen die Tanzenden ihr Ego auflösen konnten, high auf motorischen, repetitiven Beats, das Individuum verloren im Sound beziehungsweise dem Inner Space, dabei aber stets aufgehoben in der wärmenden Gemeinschaft der übrigen

Blumenkinder. Bis der Morgen kam und mit ihm die Frage, wo man sich nun mal gepflegt eine Runde zum Pofen hinlegen konnte.

Der Text von »Komm schlaf bei mir« erlaubt allerdings einiges an Interpretationsspielraum. Das Lied heißt ja nicht etwa »Komm schlaf mit mir«, wie es spätere, richtige Discostücke taten; es bleibt offen, ob es hier ausschließlich um liebevolle Freundschaft und zärtliche Solidarität geht oder doch eher richtig zur Sache. Die vibrierende Intensität in Rio Reisers Vortrag deutet allerdings durchaus auf eine größere, körperliche Dringlichkeit hin. Er wirkt alles andere als müde, nicht so, als müsste er vor allem dringend eine Runde pofen, und auch nicht, als müsste er im Morgengrauen eines neuen Tages bei einer Tasse Tee die neuesten Perspektiven des Klassenkampfs belabern. Da ist vielmehr eine fiebrige, überwältigende Sehnsucht zu hören und zu spüren, ein basales, menschliches oder besser gesagt tierisches Scharfsein, das aber durch die Vermeidung von geschlechtsspezifischen Hinweisen immer universal bleibt und damit anschlussfähig zu so gut wie jeder Form sexuellen Draufseins. Der wunderbare Afterhour-Dance-Song »Komm schlaf bei mir« ist so gesehen, auch und gerade unter dem Vorzeichen LGBTQ, eine weiterhin gültige, an alle gerichtete, einfach unwiderstehliche Einladung.

– Hans Nieswandt

MENSCHENJÄGER

1972, LP »Keine Macht für Niemand« (TSS)

Sie würden uns gern im Knast begraben
Sie würden uns gern zum Teufel jagen
Der Teufel will uns gar nicht haben
Wartet auf sie schon seit ein paar Tausend Jahren

Ich mein die Menschenjäger
Und die Schreibtischtäter
Die uns Millionen Mal ermordet haben
Sie zittern schon um ihren weißen Kragen

Wenn der Führer ruft, sind sie dabei
Sie sind zu kaufen für die schlimmste Schweinerei
Und sie killen und denken nicht dabei
Sie sind der Grund für jede Schießerei

Ich mein die Menschenjäger
Und die Schreibtischtäter
Die uns Millionen Mal ermordet haben
Sie zittern schon um ihren weißen Kragen

Menschenjäger, werdet ihr's kapieren
Ich weiß nicht, wie viel heut durch euch krepieren
Aber eins kann ich euch garantieren
Eure MGs werden nicht ewig regieren

Ihr könnt uns verfolgen und massakrieren
Für jeden, den ihr kriegt, werden zwei andere marschieren
Ihr könnt gehorchen, ihr könnt kommandieren
Und ihr kämpft gegen uns alle und werdet verlieren

Menschenjäger, Schreibtischtäter, Vopos, Kripos, NPD
Faschisten, Sadisten, CIA
Neckermann, Genscher, Springer, Krupp, alle Kriegsgewinnler
Neubauer, Ruhnau, Nixon, Hübner, Schneider und wie sie
alle heißen
Franz Josef, Rainer
Eins, zwei, drei, vier, fünf, sechs, sieben, acht, neun, zehn, elf
Seht die Zeiger auf der Uhr
Papiertiger

● *Den Text zu »Menschenjäger« hatte ich unter dem Eindruck des Todes von Thomas Weisbecker geschrieben, der drei Monate nach Georg von Rauch in Augsburg erschossen worden war.*

– Rio Reiser

●*»Menschenjäger« und »Die letzte Schlacht gewinnen wir« kann man heute gar nicht mehr singen: Die kriegerischen Bilder wie »Schlacht« und »Front« befremden mich heutzutage. Auch die Verheißung eines »Sieges« ist irreführend: Eine Schlacht kennt keine Sieger!*

Ja, so waren wir damals drauf als Teil der Berliner Linken. Es war die Zeit, als die RAF den kapitalistischen Staat herausforderte und Militanz – in Wort und Tat – gepredigt wurde. David gegen Goliath?! Aus Widerstand wurde Terror, Aufrüstung wie im Krieg.

Anfang der Siebziger war ich selbst in Gefahr, in diese Gewaltspirale zu geraten und Teil dieses sinnlosen Spiels zu werden, heute sehe ich deshalb »Menschenjäger« ähnlich problematisch.

– Jörg Schlotterer (Ton Steine Scherben)

MENSCH MEIER

1972, LP »Keine Macht für Niemand« (TSS)

Mensch Meier kam sich vor wie 'ne Ölsardine
Irgendjemand stand auf seinem rechten großen Zeh
Das passierte ihm auch noch in aller Herrgottsfrühe
Im 29er kurz vor Halensee
Der Kassierer schrie: »Wer hat noch keinen Fahrschein?«
Und Mensch Meier sagte laut und ehrlich: »Ick!«
»Aber ick fahr schwarz und füttere mein Sparschwein«
Und der Schaffner sagte: »Mensch, bist du verrückt?«
Doch Mensch Meier sagte:

»Nee, nee, nee, eher brennt die BVG!
Ick bin hier oben noch ganz dicht
Der Spaß ist zu teuer, von mir kriegste nüscht!
Nee, nee, nee, eher brennt die BVG!
Ick bin hier oben noch ganz dicht
Der Spaß ist zu teuer, von mir kriegste nüscht!«

Und da sagte einer, du hast recht, Mensch Meier
Was die so mit uns machen, ist der reine Hohn
Erst wolln se von uns immer höhere Steuern
Und was se dann versieben, kostet unseren Lohn
Doch der Schaffner brüllte: »Muss erst was passiern?
Rückt das Geld raus, oder es geht rund
Was ihr da quatscht, hat mich nicht zu interessieren
Und wenn ihr jetzt nicht blecht, dann kostet das 'n Pfund«
Da riefen beide:

»Nee, nee, nee, eher brennt die BVG!
Wir sind hier oben noch ganz dicht,
Der Spaß ist zu teuer, von mir kriegste nüscht!
Nee, nee, nee, eher brennt die BVG!
Wir sind hier oben noch ganz dicht
Der Spaß ist zu teuer, von mir kriegste nüscht!«

»Halt mal an, Fritz!«, brüllt da der BVG-Knecht
»Ick schmeiß den Meier raus und hol die Polizei«
Doch die Leute riefen: »Sag mal, bist du blöd, Mensch?
Wir müssen arbeiten, wir haben keine Zeit
Und wenn die da oben x-Millionen Schulden haben
Solln'ses bei den Bonzen holen, die uns beklauen
Du kannst deinem Chef bestellen, wir fahren jetzt alle schwarz
Und der Meier bleibt hier drin, sonst fliegst du raus!«
Und da riefen alle:

»Nee, nee, nee, eher brennt die BVG!
Wir sind hier oben noch ganz dicht,
Der Spaß ist zu teuer, von mir kriegste nüscht!
Nee, nee, nee, eher brennt die BVG!
Wir sind hier oben noch ganz dicht
Der Spaß ist zu teuer, von mir kriegste nüscht!«

○ *Als könnte es so einfach sein. Einer macht es vor, und die anderen machen mit – dann wird aus dem Einzelkämpfer ein Kollektiv. Das Lied zeigt, was man als Gruppe erreichen kann. Und ja, klar, zugegebenermaßen ist es vielleicht nicht der beste Weg, aufzuhören, für Bus und Bahn zu bezahlen, aber trotzdem ist doch an dem Gedanken was dran, dass es nur einen Stein braucht, um etwas Großes ins Rollen zu bringen!*

Wir sind doch alle in der gleichen Situation, wenn es darum geht, dass wir uns manchmal bedeutungslos fühlen – einfach, weil es so viele von uns gibt. Und hier erzählt jemand, dass genau das unsere Stärke werden kann. »Mensch Meier kam sich vor wie 'ne Ölsardine«. Alle gleich, alle bedeutungslos. Und dann sagt das Lied aber eben auch, was ich selbst auch ehrlich so denke: Dass wir doch alle was erreichen können, wenn wir nur wollen. Das passt zu dem, was ich in meinen Liedern vermitteln will und schon immer wollte. Für etwas einstehen, an das man glaubt. So realistisch ist dieses Szenario heutzutage nicht mehr. Vielen ist das zu heikel, was ich persönlich nicht verstehen kann.

Zu ihrer Zeit waren Rio und Ton Steine Scherben einfach die Radikalsten, und das merkt man in diesem Lied (aber auch in vielen anderen). Bei ihnen konnte man genau beobachten, dass ihre Utopie selbst vom eigenen Publikum nicht immer verstanden wurde beziehungsweise bei den meisten Leuten daraus nicht die richtigen Schlüsse gezogen wurden, die auch eine realistische Umsetzung ihrer Ideen mit sich gebracht hätten. Die meisten Fans, so mein Gefühl, feierten einfach das Dagegensein ab. Ich fand es großartig, wie offen Rio damit umging. Dass er es geschafft hatte, sich (gegen seine Überzeugung und trotz des Protests der Hardcore-Fans, aber notgedrungen) dem ganzen kommerziellen Wahnsinn mit »König von Deutschland« auszusetzen. (Davon abgesehen war es ein Glanzstück, mit diesem Text einen Hit zu landen!)

Ich glaube, das ist das Fazit dieses Liedes und dieses Künstlers und seiner Band im Ganzen: Wir als aufgeklärte, engagierte Menschen müssen doch hoffentlich noch wissen, was richtig und was falsch ist. Und dann auch mutig genug sein, was zu machen. Dass das so im Alltäglichen passiert, in so einem fast banalen Szenario – einer Straßenbahnfahrt –, das ist toll. Das mag ich sehr. Das Wichtige im Nebensächlichen. Das Große in den kleinen Leuten.

– Stoppok

● *Der Song »Mensch Meier« hieß ursprünglich »BVG-Song« und wurde Anfang 1972 in Berlin-Kreuzberg anlässlich einer Fahrpreiserhöhung aufgenommen. Er erschien zuerst als Folien-Single, auf der Rückseite waren Interviews mit erbosten Fahrgästen, und die Bewohner des Rauch-Hauses sangen den Chor.*

– Angie Olbrich (Carambolage)

FEIERABEND

1972, LP »Keine Macht für Niemand« (TSS)

Acht Stunden Arbeit sind vorbei
Es sieht ganz so aus, als wärst du frei
Kannst dich volllaufen lassen
Kannst ins Kino gehen
Und du kannst dein Geld im Puff ausgeben

Es ist Feierabend, und die Arbeit ist vorbei
Rück den Kies raus, Junge, und du bist dabei

Hast 'ne Pause verdient, aber mehr auch nicht
Morgen geht's weiter, warte nicht
Spring mitten rein ins süße Leben
Du brauchst dein Geld nicht der Heilsarmee geben

Es ist Feierabend, und die Arbeit ist vorbei
Heut ist Tanz auf dem Vulkan, und du bist dabei

Besuch doch heute Abend deinen Chef
Und fahr mit seinem Mercedes weg
Gib ihm doch endlich seinen Lohn
Mach dich auf die Socken, er wartet schon

Es ist Zahltag, Junge, und die Arbeit ist vorbei
Tu, was du tun willst, und du bist frei

Frei!

Rio Reiser am Minimoog, 1974

● *Herrlich, die Sirene, die den Feierabend verkündet und schon damals ein Anachronismus war; wäre doch klasse, wenn der Homeoffice-Feierabend von einer digitalen Sirene käme ... Anachronistisch ist allerdings bis heute nicht das Thema des Songs: Ausbeutung – da will der Kapitalismus nichts dazulernen, und die Fronten lassen sich auch nicht wegdigitalisieren. Die charmante Chefwagenausleihe ist zwar nicht die ultimative Lösung, aber moralische Appelle an einen Ausbeuter helfen dem Ausgebeuteten auch nicht weiter.*

– Nikel Pallat
(Ton Steine Scherben)

RAUCH-HAUS-SONG

1972, LP »Keine Macht für Niemand« (TSS)

Der Mariannenplatz war blau, so viel Bullen waren da
Und Mensch Meier musste heulen, das war wohl das
Tränengas
Und er fragt irgendeinen: »Sach mal, ist hier heut 'n Fest?«
»So was Ähnliches«, sagte einer »das Bethanien wird besetzt«
»Wird auch Zeit«, sachte Mensch Meier, »stand ja lange
genug leer
Ach, wie schön wär doch das Leben, gäb es keine Pollis
mehr«
Doch der Einsatzleiter brüllte: »Räumt den Mariannenplatz
Damit meine Knüppelgarde genug Platz zum Knüppeln hat!«

Doch die Leute im besetzen Haus
Riefen: »Ihr kriegt uns hier nicht raus!
Das ist unser Haus, schmeißt doch endlich
Schmidt und Press und Mosch aus Kreuzberg raus.«

Der Senator war stinksauer, die CDU war schwer empört
Dass die Typen sich jetzt nehmen, was ihnen sowieso gehört
Aber um der Welt zu zeigen, wie großzügig sie sind
Sagten sie: »Wir räumen später, lassen sie erst mal drin!«
Und vier Monate später stand in Springers heißem Blatt
Dass das Georg-von-Rauch-Haus eine Bombenwerkstatt hat
Und die deutlichen Beweise sind zehn leere Flaschen Wein
Und zehn leere Flaschen können schnell zehn Mollis sein

Doch die Leute im Rauch-Haus
Riefen: »Ihr kriegt uns hier nicht raus!
Das ist unser Haus, schmeißt doch endlich
Schmidt und Press und Mosch aus Kreuzberg raus«

Letzten Montag traf Mensch Meier in der U-Bahn
seinen Sohn
Der sacht': »Die wollen das Rauch-Haus räumen
Ich muss wohl wieder zu Hause wohnen.«
»Is' ja irre», sagt Mensch Meier, «sind wa wieder einer mehr
In unsrer Zwei-Zimmer-Luxuswohnung
Und das Bethanien steht wieder leer
Sag mir eins, ha'm die da oben Stroh oder Scheiße in
ihrem Kopf
Die wohnen in den schärfsten Villen, unsereins im
letzten Loch
Wenn die das Rauch-Haus wirklich räumen
Bin ich aber mit dabei und hau den ersten Bullen
Die da auftauchen, ihre Köppe ein»

Und ich schrei's laut:
»Ihr kriegt uns hier nicht raus!
Das ist unser Haus, schmeißt doch endlich
Schmidt und Press und Mosch aus Kreuzberg raus.«

Und wir schreien's laut:
»Ihr kriegt uns hier nicht raus!
Das ist unser Haus, schmeißt doch endlich
Schmidt und Press und Mosch aus Kreuzberg raus.«

◉ *Am 4. Dezember 1971 wurde der linke Aktivist Georg von Rauch, gegen den ein Haftbefehl vorlag, in Berlin bei einer Kontrolle durch Zivilfahnder erschossen. Vier Tage später fand im Audimax der TU ein Teach-in statt. Die politische Stimmungslage in der Frontstadt war aufgeheizt. Bei dieser Veranstaltung spielte auch die Band Ton Steine Scherben. Unser Sänger Rio Reiser rief nach ihrem Ende zur Besetzung des Martha-Maria-Hauses auf, des ehemaligen Schwesternwohnheims, das damals zum leer stehenden Bethanien-Krankenhaus gehörte. Rios Ansage traf genau zum richtigen Zeitpunkt den Nerv von aufgebrachten Spontis, Drop-outs, Lehrlingen, Jungarbeitern, Studenten sowie Arbeits- und Wohnungslosen, denn Wohnraum war knapp in West-Berlin. Die überwiegend jungen Leute beschlossen nach der erfolgreichen Besetzung spontan, das Haus nach Georg von Rauch zu benennen.*

Die Existenz des Georg-von-Rauch-Hauses wurde in der linken Szene schnell zum Geheimtipp bei allen, die für eine Nacht einen Schlafplatz suchten oder auch zum Wohnen für länger. Weil es den Verdacht gab, das Rauch-Haus könnte eine »Terrorzentrale« sein, kam es im April 1972 zu einer Großrazzia, an der mehrere Hundert Polizisten beteiligt waren – mit dürftigen Ergebnissen: »Und vier Monate später stand in Springers heißem Blatt, dass das Georg-von-Rauch-Haus eine Bombenwerkstatt hat. Und die deutlichen Beweise sind zehn leere Flaschen Wein, und zehn leere Flaschen können schnell zehn Mollis sein.«

Rio Reiser schrieb den »Rauch-Haus-Song« bereits im März für ein weiteres Teach-in in der TU und fügte die oben zitierten Zeilen im April als dritte Strophe hinzu. Die Scherben-Band nahm den Titel im Mai 72 im Studio von Klaus Freudigmann, Admiralstraße 18 in Berlin-Kreuzberg, mit ungewöhnlicher Besetzung auf: Rio sang und spielte Klavier, Gitarrist RPS Lanrue saß am Schlagzeug, ich spielte ein achtsaitiges Mandolinen-Banjo, und die Bewohner des Rauch-Hauses sangen im Chor. Veröffentlicht wurde der »Rauch-Haus-Song« auf dem zweiten Album der Scherben, der Doppel-LP »Keine Macht für Niemand« im Oktober 1972.

Wer waren Schmidt und Press und Mosch, die so in dem Lied geschmäht werden? Der Immobilienmakler Günter Schmidt mit seiner Firma Schmidt & Press GmbH und der Bauunternehmer Heinz Mosch waren wesentlich an der Erbauung des skandalösen Spekulationsobjektes Neues Kreuzberger Zentrum (NKZ) beteiligt, eines potthässlichen Gebäuderiegels am Kottbusser Tor, der die Dresdner Straße verschloss und später in Zentrum Kreuzberg umbenannt wurde.

Das Rauch-Haus am Berliner Mariannenplatz gibt es heute noch als selbstverwaltetes Wohnkollektiv, und der Song über das Haus ist im deutschsprachigen Raum wohl einer der bekanntesten zum Thema Hausbesetzungen.

– Kai Sichtermann
(Ton Steine Scherben)

WIR MÜSSEN HIER RAUS

1972, LP »Keine Macht für Niemand« (TSS)

Im Bett ist der Mensch nicht gern alleine
Und in meinem Bett ist grad noch Platz für dich
Doch mein Alter ist fast jeden Tag zu Hause
Und ich glaub, er hat was gegen dich
Für mich ist die Welt nicht mehr in Ordnung
Nicht früh um sieben und auch nicht nach der Tagesschau
Für mich heißt das Wort zum Sonntag »Scheiße«
Und das Wort zum Montag »Mach mal blau«

Wir müssen hier raus!
Das ist die Hölle!
Wir leben im Zuchthaus!
Wir sind geboren
Um frei zu sein
Wir sind zwei von Millionen
Wir sind nicht allein
Und wir werden es schaffen
Wir werden es schaffen

Mein Alter sagt, die Welt wird sich nicht ändern
Dabei weiß er ganz genau, was läuft
Doch er glaubt, er vergisst die ganze Scheiße
Wenn er abends in der Kneipe hängt und säuft
Er sagt, der schönste Platz ist immer an der Theke
Da hat er recht, zu Haus ist kaum noch Platz für drei
Darum bin ich auch den ganzen Tag auf Arbeit
Man kann sagen, ich bin so frei

Wir müssen hier raus!
Das ist die Hölle!
Wir leben im Zuchthaus!
Wir sind geboren
Um frei zu sein
Wir sind zwei von Millionen
Wir sind nicht allein
Und wir werden es schaffen
Wir werden es schaffen
Und was kann uns hindern
Kein Geld, keine Waffen
Wenn wir es wollen
Wir werden es schaffen

Wir sind geboren
Um frei zu sein
Wir sind zwei von Millionen
Wir sind nicht allein
Wir sind geboren
Um frei zu sein
Wir sind 60 Millionen
Wir sind nicht allein
Wir sind geboren
Um frei zu sein
Frei!

Was für eine Hymne! Dem Refrain »Wir sind geboren, um frei zu sein« kannst du dich einfach nicht entziehen. Klar, dass dieser Song das erste Stück auf dem Album ist. Die Strophen sind ja recht drastisch, von wegen Zuchthaus – das Wort muss man sich auch heute noch auf der Zunge zergehen lassen –, aber zu den Millionen von Marschmusikvätern, die noch in den Siebzigerjahren ihre Kinder in unaufgearbeiteter Nazi-Mentalität malträtierten, passten solche Bilder. Allerdings bin ich mir nicht sicher, ob heutzutage die Alles-erlaubt-Konsumglück-Liberalität den Kiddies nicht ganz andere Fesseln anlegt.

– Nikel Pallat
(Ton Steine Scherben)

»Herr Professor, vor zwei Wochen schien die Welt noch in Ordnung ...«

»Mir nicht.«

Mit diesen Worten beginnt das berühmte Interview, das Theodor W. Adorno nach Störungen seiner Vorlesungen in Frankfurt durch studentische Aktivisten im Frühjahr 1969 dem »Spiegel« gab und auf das Rio Reiser sich wissentlich oder unbeabsichtigt bezogen haben könnte, als er wenige Jahre später in »Wir müssen hier raus« klarstellte: »Für mich ist die Welt nicht mehr in Ordnung / Nicht früh um sieben und auch nicht nach der Tagesschau«.

Dabei sind die Songs von Ton Steine Scherben sicherlich weniger von den Vorgängen an irgendwelchen westdeutschen Hochschulen geprägt als vielmehr vom direkten Umfeld dieser eher proletarisch geprägten Band aus West-Berlin. Um beengte Wohnverhältnisse geht es und um Preiserhöhungen bei der BVG, es ist von Chefs, Stechuhren und Feierabend die Rede und von »'nem bisschen was zu fressen«, das man »bei Karstadt geklaut« hat.

Was der Gruppe und ihren Texten bis heute eine Sonderstellung verschafft. Oder wie viele Rockbands fallen einem sonst noch ein, die offensiv die Sorgen und Nöte von Lehrlingen,

Mietern und auf den ÖPNV angewiesenen Arbeitern skandalisieren?

»Wir müssen hier raus« ist der erste Song des 1972 veröffentlichten zweiten Scherben-Albums »Keine Macht für Niemand«, und er beginnt mit einer Feststellung, die man auch als Ansage verstehen kann: »Im Bett ist der Mensch nicht gern alleine«.

Gleich in der ersten Zeile der gut einstündigen Doppel-LP wird also ein zutiefst menschliches Bedürfnis formuliert. Das Bedürfnis, ohne Einmischung von außen Zeit mit der geliebten Person verbringen zu können, nicht allein und einsam zu sein, kein Einzelkämpfer. Und wo die gesellschaftlichen und ökonomischen Umstände die Befriedigung solch fundamentaler Bedürfnisse verhindern, da beginnt für den Sänger der Aufstand. Denn er erkennt seine Situation als eine nichtsinguläre, sondern als eine ihm und vielen anderen von einem menschenverachtenden System aufgezwungene und somit veränderbare.

Zwischen Text und Musik herrscht von Anfang bis Ende eine elektrisierende Spannung. Dieses euphorische Intro, auf das die erste dieser herrlich abgehangenen Strophen folgt, in der das lyrische Ich von seiner ganz alltäglichen Malaise erzählt. Bis Band und Sänger zu einem treibenden und angriffslustigen Refrain ansetzen, der, wie man kurz darauf feststellt, noch gar nicht der eigentliche Refrain war, sondern eine Brücke, die dorthin führt, wo die Sonne aufgeht. Zu sehnsuchtsvollen Chören singt Rio Reiser Worte der Hoffnung und der Solidarität:

»Wir sind geboren, um frei zu sein
Wir sind zwei von Millionen, wir sind nicht allein
Und wir werden es schaffen, wir werden es schaffen.«

Diese Zeilen werden im Showdown des Songs ein ums andere Mal wiederholt und variiert (»Was kann uns hindern, kein Geld, keine Waffen«), während sich die Band in einen regelrechten Rausch spielt und dabei kein eigenes Ende findet, sondern ausgefadet werden muss. (Gut, dass der arme Adorno das alles nicht mehr erleben musste ...)

Man wäre gerne dabei gewesen, als das Lied entstand. Wurde der Text unabhängig von der Musik geschrieben, und wenn ja, hat er gleich auf die Komposition gepasst? Oder haben sich die Wörter und Zeilen erst aus der Musik ergeben? Oder, auch eine Möglichkeit, reagieren hier andersherum die Musiker an ihren Instrumenten auf die zwischen Wut, Verzweiflung und Aufbruch changierenden Zeilen, die Rio Reiser mit dieser mitreißenden Dringlichkeit artikuliert?

Der gleichermaßen naiv wie kämpferisch klingende Schlachtruf »Wir sind geboren, um frei zu sein« wird Jahre später auf »Steig ein«, dem letzten Stück des Ton-Steine-Scherben-Albums »Wenn die Nacht am tiefsten ...«, noch einmal aufgegriffen.

Und auch heute, ein halbes Jahrhundert später, macht der viel zu früh verstorbene, durch seine Lieder aber unsterblich gewordene Rio Reiser noch mit jedem seiner Worte deutlich, dass der Wunsch nach einem selbstbestimmten Leben ein emanzipatorischer ist und »Freiheit« mehr als der zur hohlen Phrase verkommene Kampfbegriff von zynischen FDPlern und anderen marktradikalen Spinnern.

– Thorsten Nagelschmidt
(Muff Potter)

SCHRITT FÜR SCHRITT INS PARADIES

1972, LP »Keine Macht für Niemand« (TSS)

Du hörst mich singen
Aber du kennst mich nicht
Du weißt nicht, für wen ich singe
Aber ich sing für dich
Wer wird die neue Welt bauen
Wenn nicht du und ich
Und wenn du mich jetzt verstehen willst
Dann verstehst du mich

Ich bin aufgewacht und hab gesehen
Woher wir kommen, wohin wir gehen
Und der lange Weg, der vor uns liegt
Führt Schritt für Schritt ins Paradies

Ich hab lang gewartet
Und nachgedacht
Hatte viele Träume
Und jetzt bin ich wach
Wenn wir suchen
Finden wir das neue Land
Uns trennt nichts vom Paradies
Außer unserer Angst

Ich bin aufgewacht und hab gesehen
Woher wir kommen, wohin wir gehen
Und der lange Weg, der vor uns liegt
Führt Schritt für Schritt ins Paradies

DURCH DIE WÜSTE

1975, LP »Wenn die Nacht am tiefsten …« (TSS)

Ich komm aus der Wüste
Aus Stahl und Glas
Ich komm aus der Wüste
Aus Angst und Hass
Wo die Menschen verdursten
Auf der Suche nach Liebe
Krank vor Verzweiflung
Und vom Warten müde

Ich komm aus dem Land
Der vergifteten Straßen
Wo man den Tag verkaufen muss
Um sorglos zu schlafen
Wo das Leben schneller ist
Als ein Herz schlagen kann
Und Tausend Lügner sprechen
Bevor einer die Wahrheit sagen kann

Ich komm vom Planeten
Der verzweifelten Götter
Ich komm vom Planeten
Der reichen Bettler
Wo die Liebe verkauft wird
Und der Hass verschenkt
Wo man die Mörder belohnt
Und die Heiligen henkt

Hilf mir
Hilf mir
Zeig mir den Weg hier raus
Lass mich nicht hängen
Gib mir 'ne Antwort
Zeig mir den Weg hier raus

Mitte der 1970er

HALT DICH AN DEINER LIEBE FEST

1975, LP »Wenn die Nacht am tiefsten …« (TSS)

Wenn niemand bei dir ist
Und du denkst
Dass keiner dich sucht
Und du hast die Reise ins Jenseits
Vielleicht schon gebucht
Und all die Lügen
Geben dir den Rest
Halt dich an deiner Liebe fest
Halt dich an deiner Liebe fest

Wenn der Frühling kommt
Und deine Seele brennt
Du wachst nachts auf aus deinen Träumen
Aber da ist niemand
Der bei dir pennt
Wenn der, auf den du wartest
Dich sitzen lässt
Halt dich an deiner Liebe fest
Halt dich an deiner Liebe fest

Wenn der Novemberwind
Deine Hoffnung verweht
Und du bist so müde
Weil du nicht mehr weißt
Wie's weitergeht
Wenn dein kaltes Bett
Dich nicht schlafen lässt
Halt dich an deiner Liebe fest
Halt dich an deiner Liebe fest

Trotz seines Titels ist »Halt dich an deiner Liebe fest« für mich kein klassisches Liebeslied: Liebe ist hier nicht ein Gefühl, das Menschen miteinander verbindet – oder das man einer Person, einem Tier oder einer Leidenschaft entgegenbringt. Liebe ist hier etwas vollständig Autarkes, Ichbezogenes, etwas, das man für sich allein besitzt und das einen stark macht: Meine Liebe kann in mir wachsen, ohne dass sie von außen gegossen und genährt werden muss, sie ist für mich da, wenn alles um mich herum zu zerbrechen scheint, wenn ich enttäuscht werde, wenn ich belogen, betrogen und im Stich gelassen werde. Sie ist wie ein Feuer, das in mir brennt – und ich kann es selbst entfachen und mich daran wärmen. Wenn ich mich an meiner Liebe festhalten kann, benötige ich keine Rüstung, keine Stacheln. Ich kann offen und verletzbar bleiben, denn ich weiß, dass ich eine Macht in mir habe, die mich immer wieder aufrichtet.

Rio Reiser soll zwar ein spiritueller, jedoch kein gläubiger oder gar religiöser Mensch gewesen sein. Er habe aber viel in der Bibel gelesen, heißt es. Würde man das Wort »Liebe« mit dem Wort »Glauben« ersetzen, wäre der Song wohl ein Fall für den Kirchentag. Wir Atheisten und Agnostiker, die es nicht vermögen, die Leerstellen in unserem Leben mit Gottesglauben zu füllen, können uns deshalb glücklich schätzen, wenn wir stattdessen die ewige, unzerstörbare und durch nichts infrage zu stellende Liebe in uns tragen – und zwar möglichst viel davon!

– Oliver Minck (Wolke)

ICH GEH WEG

1975, LP »Wenn die Nacht am tiefsten ...« (TSS)

Ich geh weg
Ich geh weg
Ich geh weg und such was Neues

Denk an mich
Denk an mich
Ich komm zurück zu dir

Ich geh weg
Ich geh weg
Ich geh weg und bin nicht traurig

Vergiss mich nicht
Vergiss mich nicht
Ich komm zurück zu dir

Mach was Neues
Such was Neues
Denk an mich
Denk an mich
Ich komm zurück
Ich komm zurück
Ich komm zurück
Ich komm zurück zu dir

HEUT NACHT

1975, LP »Wenn die Nacht am tiefsten ...« (TSS)

Die Nacht ist so heiß
Und die Leuchtreklamen glühen
Die Luft ist dick und staubig
Schmeckt nach Frühling und Benzin
Die Woche war hart
Aber heute gab's Moos
Und in jeder Kneipe ist der Teufel los
Und ich mach mich klar
Reit ab in die Stadt
Such nach jemand,
Der dieselbe Sehnsucht hat
Heut Nacht

Lass uns durchbrechen, was uns trennt
Lass uns wecken, was noch pennt
Heut Nacht

Die Nacht vergeht so schnell
Und der Montag wartet nicht
Lass deine Tausend Augen leuchten
Zeig mir dein wirkliches Gesicht
Nee, ich will dich nicht ketten
Will keinen kurzen Fick
Will nicht Chef sein und nicht Sklave
Ich such ein andres Glück
Sprichst du meine Sprache
Kannst du mich verstehen
Unsere wilden Träume warten
Lass sie uns fangen gehen
Heut Nacht

Lass uns durchbrechen, was uns trennt
Lass uns wecken, was noch pennt
Heut Nacht

KOMM AN BORD

1975, LP »Wenn die Nacht am tiefsten …« (TSS)

Alles, was ich haben will, kann ich geben
Alles, was ich geben will, kann ich haben
Alles, was ich sagen will, kann ich hören
Alles, was ich hören will, kann ich sagen
Geben, haben, hören, sagen

Unser Schiff
Ist kein Traumschiff
Unser Schiff
Ist ein Raumschiff

Die Anker sind gelichtet
Der Wind ist schon gesät
Wenn der Sturm endlich losbricht
Ist es vielleicht schon zu spät

Komm an Bord, komm mit an Bord
Die Zeit ist auf unserer Seite
Unser Schiff heißt Hoffnung

Alles, was ich suchen will, kann ich finden
Alles, was ich finden will, kann ich suchen
Jeden, den ich hassen will, kann ich lieben
Jeden, den ich lieben will, kann ich lieben
Finden, suchen, lieben, lieben

Unser Schiff
Ist kein Traumschiff
Unser Schiff
Ist ein Raumschiff

Die Anker sind gelichtet
Der Wind ist schon gesät
Wenn der Sturm endlich losbricht
Ist es vielleicht schon zu spät

Komm an Bord, komm mit an Bord
Die Zeit ist auf unserer Seite
Volle Kraft voraus

LAND IN SICHT

1975, LP »Wenn die Nacht am tiefsten ...« (TSS)

Land in Sicht
Singt der Wind in mein Herz
Die lange Reise ist vorbei
Morgenlicht weckt meine Seele auf
Ich lebe wieder und bin frei

Und die Tränen von gestern
Wird die Sonne trocknen
Die Spuren der Verzweiflung
Wird der Wind verwehen
Die durstigen Lippen
Wird der Regen trösten
Und die längst verloren Geglaubten
Werden von den Toten auferstehen

Ich seh die Wälder meiner Sehnsucht
Den weiten sonnengelben Strand
Der Himmel leuchtet wie Unendlichkeit
Die bösen Träume sind verbannt

Und die Tränen von gestern
Wird die Sonne trocknen
Die Spuren der Verzweiflung
Wird der Wind verwehen
Die durstigen Lippen
Wird der Regen trösten
Und die längst verloren Geglaubten
Werden von den Toten auferstehen

Bei all den gesellschaftspolitisch relevanten Songs, die Rio schrieb, übersieht man schnell seine ruhigeren Lieder. Dabei findet man vor allem in diesen sein vielleicht dickstes Herzblut.

Gibt es ein optimistischeres Lied der Scherben als »Land in Sicht«? Wenn ich dieses Lied höre, spüre ich frischen Wind, wo keiner ist, der den mit dunklen Wolken verhangenen Himmel des Herzens – zumindest kurzweilig – etwas lichtet. Der den süßen Geschmack der Hoffnung ein wenig in den giftigen Großstadt-Atem mit einströmen lässt. Es ist ein großes und schönes Bild, und jeder kann sich daran erfreuen, wenn es denn seine Sozialisation zulässt, an so etwas überhaupt teilhaben zu können.

Dieses Lied umarmt uns alle und die ganze Welt. Es holt sogar die Verlorenen zurück. So was muss man erst mal schreiben können, ohne dabei knietief im Kitsch zu versinken!

Rio Reiser war Anarchist, und in dieser Tradition stehe ich ihm als Songtexter auch heute noch nah. Denn bis heute müssen sich politisch links motivierte Künstler einerseits an seiner moralisch klaren Message und andererseits an seinem fantastisch-herzlichen Stil messen lassen. Da backen wir dann alle auf einmal wieder ganz kleine Brötchen. Von der unpeinlichen Liebesballade bis zum staatskraftzersetzenden Protopunksong herrscht Rio der Erste, König von Deutschland.

Allumgreifende Bitterkeit herrscht heute in unser deutschen (neoliberalen) Welt, die jeden Tag einen weiteren Millimeter nach rechts zu rücken scheint. Das Schöne und Nette ist im Kleinen verschwunden. Die einst aufrührerischen Scherben sind heute das Schöne und Nette von gestern.

Als wir letztes Jahr »Land in Sicht« coverten, um dieses schöne Ü-7-Minuten-Epos in einen flapsigen Ska-Punk-Song zu vermupfeln, brachen Rantanplan einen kleinen Zacken aus Rios Krone, um sich damit zu schmücken.

Anfang des Millenniums spielte ich mal an Rios Grab in Fresenhagen. Ein so friedlicher Ort. Leider wurde Rio umgebettet. Das ist wirklich schade und stimmt mich jedes Mal wieder traurig, wenn ich an ihn denke. Dem alten Genossen Anarcho ist das wahrscheinlich schnuppe, aber uns Pilgern nicht. Die alten

Ideale versuchen immer noch einige hochzuhalten. Wir werden weniger, aber verschwinden werden wir nicht, weil das Biedere und Falsche an gefälliger Kunst zum Himmel stinkt und die Leute sich instinktiv lieber dem Echten zuwenden wollen. Auch wenn ganze Industrien seit vielen Jahren batzenweise Kohle aus ihren Fälscherwerkstätten herauspressen, so müssen doch die Fälscher immer bei den Barrikadensängern abschreiben, weil ihnen selber nichts Gescheites einfällt. Wenn jemand mit dem Herzen Musik macht, werden das auch Herzen erhören. Deshalb kennen und verehren wir alle Rio Reiser.

Ich kann mir niemanden vorstellen, der Rio liebt und der heutigen McDonald's-TV-Casting-Kultur irgendetwas Ernstzunehmendes abgewinnen kann.

Vor ein paar Jahren fand ich in einem winzigen Plattenladen (ausgerechnet im Saarland) ein letztes Exemplar der längst vergriffenen Gesamtdiskografie von Ton Steine Scherben. Es gibt nicht viele Tonträger, die mich so lange begleiten, aber das Zeug würde ich sogar noch nach dem Atomschlag hören. Meinen alten Tapes und dem Player wäre ein elektromagnetischer Impuls egal.

Dieser wichtige Sänger, Texter, Komponist, Agitator, Aktivist, Schauspieler ... er fehlt in unserer heutigen rückwärtsgewandten Zeit so sehr wie nie zuvor. Rio würde über die Welt durch seine Augen singen oder über seine tiefen Gefühle, je nach Track. In jedem Fall wären es sehr starke Bilder, sinnhaft und kraftvoll.

Das hier schreibe ich an einem klirrend kalten Januartag 2024, an dem Rio 74 geworden wäre. 46 hat er leider nur geschafft. Seine Lieder sind unvergänglich und werden sich irgendwie zu jeder Zeit durchsetzen. Seine Texte sowieso.

Ich muss jetzt wieder raus. Der Wind weht rau. Es beginnt wieder die Zeit der Stürme.

– Torben Möller-Meissner (Rantanplan)

NIMM DEN HAMMER

1975, LP »Wenn die Nacht am tiefsten …« (TSS)

Nimm den Hammer
Und bring ihn zum Chef
Sag ihm, dass ich fort bin
Sag ihm, ich bin weg

Wenn er fragt, warum
Sag ihm, ich will leben
Das Leben, das ich will
Kann er mich nicht geben

Und ich will keine Ketten
Aus Geld und Angst
Ich werd ihm nicht mehr geben
Was er von mir verlangt

SAMSTAGNACHMITTAG

1975, LP »Wenn die Nacht am tiefsten …« (TSS)

Die Sonne scheint mir ins Gesicht
Und niemand steht mir mehr im Licht
Ich bin noch nicht voll, aber mein Glas ist leer
Und ich hol mir 'n neues, und ich träum vom Meer

Samstagnachmittag

Der Sommerwind streicht mir um die Nase
Ich seh das Paradies in 'ner Blumenvase
Zigaretten verglühen vorm Flimmerkasten
Irgendjemand spielt Klavier auf den Radiotasten

Samstagnachmittag

Mama backt Kuchen, Papa kippt 'n Bier
Und ich sitz auf der Straße und hab die Welt vor mir
Ein Bullenauto fährt langsam vorbei
Und wartet auf 'ne Schlägerei

Samstagnachmittag

Irgendeiner ruft »Hallo« und fragt nach der Zeit
Ich sag »Bleib ruhig, 's ist bald so weit«
Und er lacht und geht weiter der Sonne entgegen
Und die Sonne lacht auch, frag mich nicht, weswegen

Samstagnachmittag

STEIG EIN

1975, LP »Wenn die Nacht am tiefsten …« (TSS)

Als ich in jener schlaflosen Nacht über die kalten Straßenlaternen und neonbleichen Häuserreihen hinweg in den klaren Winterhimmel schaute, fiel mir ein Stern auf.
Er gefiel mir, und je länger ich ihn betrachtete, desto größer und deutlicher wurde er für mich.
Durch seine leuchtende blaue Atmosphäre konnte ich Meere und Kontinente erkennen.
Ich sah Urwälder, die wie eine schützende Hand das Land bedeckten, Gebirge, in deren schneeüberzogenen Gipfeln sich die Mittagssonne bricht wie in einem kostbaren Diamanten.
Flimmernde Wüsten, in denen nur der Wind wohnt.
Flüsse, die breit und schwer wie die trägen Gedanken eines Sommernachmittags dahinfließen.
An ihren Ufern wogende Getreidefelder.
Vom Duft schattiger Obstgärten erfüllte Luft.

Dann sah ich sie, ihre Haut war braun, manchmal heller, manchmal dunkler, sie pflügten die Erde, bestellten die Felder, bauten Brücken aus seltsamen Metallen.
Manche schwebten in schimmernden Kugeln durch die Luft.
Ich sah sie in der Sonne liegen, sah sie tanzen, hörte ihre Gesänge, spürte ihre Liebe.
Dann sah ich ihre Städte.
Städte, deren Schönheit ich nicht beschreiben kann.
Städte ohne Hass und ohne Hast.
Und ich sah keine stickigen Hinterhöfe, keine rasenden Blechkisten, keine verhungerten Kinder und niemanden, auf den eine Waffe gerichtet war.
Ich sah keine marschierenden Truppen, keine Bomben werfenden Flugzeuge, und ich sah niemanden, der Geld zählte.

Ich sah fröhliche Gesichter und sah traurige Gesichter, aber nirgendwo begegneten mir hoffnungslose Blicke.

Das Bild zerriss.
Und da war nur noch die klare Dezembernacht mit ihren Tausenden von Sternen.

Ich habe viele schlaue Bücher gewälzt, um den Namen dieses Sterns zu erfahren, habe vielen klugen Leuten sein Aussehen beschrieben.
Es kann nur einer sein, mein Stern, dein Stern, unsere Heimat, die Erde.
Die Zukunft der Erde, die Erde der Zukunft, sie liegt vor uns!

Komm mit! Komm mit, leg deine alten Klamotten ab, pack deine Sachen.
Spring aus deinem Grab.

Steig ein – steig ein
Spring auf – spring auf
Komm rein – komm rein
Komm rauf – komm rauf
Mach mit – mach mit
Mach weiter – mach weiter
Mach den Weg zu dir ein bisschen breiter
Mach mit – mach mit
Mach weiter – mach weiter
Mach den Weg zu dir ein bisschen breiter

Klopf an – steig ein
Und ich mach dir auf – spring auf
Du siehst, mir geht's dreckig – komm rein
Bring mich rauf – komm raus
Du siehst, mir geht's gut – mach mit

Bring mich nicht runter – mach weiter
Du siehst, ich bin müde
Mach mich munter
Du siehst, mir geht's gut – mach mit
Bring mich nicht runter – mach weiter
Du siehst, ich bin müde
Mach mich munter

Steig ein – steig ein
Spring auf – spring auf
Komm rein – komm rein
Komm rauf – komm rauf
Mach mit – mach mit
Mach weiter – mach weiter
Mach den Weg zu dir ein bisschen breiter
Mach mit – mach mit
Mach weiter – mach weiter
Mach den Weg zu dir ein bisschen breiter

Mitte der 1970er

WENN DIE NACHT AM TIEFSTEN ...

1975, LP »Wenn die Nacht am tiefsten ...« (TSS)

Ich war oft am Ende
Fertig und allein
Alles, was ich gehört hab
War, lass es sein
So viel Kraft hast du nicht
So viel kannst du nicht geben
Geh den Weg, den alle gehen
Du hast nur ein Leben

Doch ich will diesen Weg zu Ende gehen
Und ich weiß, wir werden die Sonne sehen
Wenn die Nacht am tiefsten ist, ist der Tag am nächsten
Wenn die Nacht am tiefsten ist, ist der Tag am nächsten

Manchmal bin ich kalt und schwer
Wie ein Sack mit Steinen
Kann nicht lachen
Und auch nicht weinen
Seh keine Sonne
Seh keine Sterne
Und das Land, das wir suchen
Liegt in weiter Ferne

Doch ich will diesen Weg zu Ende gehen
Und ich weiß, wir werden die Sonne sehen
Wenn die Nacht am tiefsten ist, ist der Tag am nächsten
Wenn die Nacht am tiefsten ist, ist der Tag am nächsten

Doch wir werden diesen Weg zu Ende gehen
Und ich weiß, wir werden die Sonne sehen
Wenn die Nacht am tiefsten ist, ist der Tag am nächsten
Wenn die Nacht am tiefsten ist, ist der Tag am nächsten

• Auch wenn das Wort nicht fällt: In dem Song geht es um eine ganz grundsätzliche und wichtige Fähigkeit des menschlichen Geistes, die ihn befähigt, die Zukunft in einem Ausmaß zu planen und zu gestalten, wie es kein anderes Tier kann. Es geht darum, sich Ziele zu setzen und diese erreichen zu wollen. Damit man das tun und auch die Krisen auf dem Weg zu diesen Zielen überwinden kann, braucht man eine klare Vorstellung von der Zukunft, und so etwas kann man auch Utopie nennen.

In den Jahren des Kalten Krieges ist dieser Begriff in Westdeutschland allerdings zu einem Synonym für den Unsinn real existierender sozialistischer Vorstellungen geworden, aus denen, wie jeder Pennäler wusste, ohnehin nichts werden konnte. Und mit dem Krieg der Worte und Begriffe, der ein Teil des Kalten Krieges war, ist der Jugend im Westen eine Vorstellung abhandengekommen, die sie ganz besonders betraf. »Wer Visionen hat, sollte zum Arzt gehen«, soll Helmut Schmidt gesagt haben, und auch wenn dieser Satz aus dem Zusammenhang gerissen sein mochte, spiegelt er das Weltbild einer Generation wider, die einfach nur ihre Ruhe wollte – dass alles so blieb, wie es war, und der Osten bitte die Segel streichen möge. Wenn man nicht zu dieser Generation gehörte, nachts wach im Bett lag und sich nicht mehr traute, an irgendetwas zu glauben, auch wenn man tags zuvor noch demonstrieren war, dann waren Ton Steine Scherben, dann war dieses Lied etwas, das einem wieder Hoffnung gab.

Die Form, in der es das tut, mal von den langen Haaren, der Zahnlücke und den nicht gewaschenen Klamotten abgesehen, ist eigentlich die des Schlagers, der Operette, der Verführung, des Kitschs. Rio hat nie einen Hehl daraus gemacht, dass er immer ganz nach oben wollte. Er wollte ein großer Star sein und alle erreichen und nicht nur eine gebildete oder eingebildete Elite. Ein anderer Song soll hier als Beleg dienen: »Macht kaputt, was euch kaputt macht« ist Teil eines Theaterprojekts gewesen und der Song somit so etwas wie Rollenprosa. Das Authentische daran war nicht die persönliche Empfindung des Sängers, sondern dass er aus einem Theaterprojekt mit »prole-

tarischen« Lehrlingen hervorgegangen ist, das sich Rote Steine nannte. Allein der Erfolg hat Platte und Band aus der Nische herausgeholt und in die Mitte der gesellschaftlichen Auseinandersetzung katapultiert. Sie wurden in die Luft geworfen und haben erschrocken aus der Wäsche geschaut. Ton Steine Scherben haben weitergemacht, Rio hat weitergemacht. Soweit die Geschichte.

In dem Theaterstück geht es um einen jugendlichen Lehrling, der sich aus den Zwängen der Hierarchien und den Klauen des Kapitalismus befreien will oder vielmehr muss, weil es ihn »kaputt macht«. So ging es Rio. So ging es vielen damals, so ging es mir auch 15 Jahre später noch, während meiner 20 Monate Zivildienst. Eine Welt, die der Jugend ihre Träume nimmt, muss sich nicht wundern, wenn die Jugend zurückschlägt. Der hier zurückschlägt, tut es allerdings nicht mit Mollis auf der Straße, sondern indem er den Leidenden Hoffnung gibt. Rio Reiser war der Jesus Christus der Studentenbewegung, und dieser Song erzählt davon.

– Frank Spilker (Die Sterne)

● *Das zu tun, was man liebt. Entgegen allen Widrigkeiten und Gegenwinden. Müsste ich meinen größten Antrieb beschreiben, als ich so ca. 18 Jahre alt war, dann wäre es genau das. Ich wollte unbedingt Musik machen, wollte mich in etwas hineinwerfen, dort sein, wo was los ist. Genau das war für mich nur leider alles andere als leicht. Es gab nirgendwo einen Ort dafür, einen Anknüpfungspunkt oder auch nur in entfernter Form einen Startpunkt. Bis ich irgendwann in einem Theater 40 Kilometer entfernt anfing, eben genau das zu tun, was ich liebe.*

Diese 40 Kilometer wurden für mich immer mehr zu einer Art Pilgerreise. Ich verbrachte so viel Zeit im Auto wie wahrscheinlich noch nie in meinem Leben. Manchmal musste es auch ohne Auto funktionieren. Dann nahm ich drei Busse und nochmal einen Zug, um dort proben zu können. Doch egal ob auf dem Hin- oder auf dem Heimweg – dieser Song (in der Version vom

Album »Ton Steine Scherben Live II«) wurde einer meiner häufigsten Begleiter.

Obwohl ich während dieser Zeit so viel allein unterwegs war, hatte ich oft das Gefühl, dass ich genau das nicht bin. Für mich beginnt genau da Rios größte Qualität. Er verstand es wie kein anderer, über Gefühle zu singen. Sie greifbar zu machen für andere. Sowohl die positiven als auch die negativen. Rios Texte hatten die unglaubliche Qualität, Menschen zum Guten zu beeinflussen. Egal, ob er einem Mut machte, sich politisch zu engagieren, aufeinander zuzugehen oder, wie in meinem Fall, einfach nicht aufzugeben.

Egal wie schwer es manchmal auch zu sein scheint: Wenn man das tut, was man liebt, lohnt es sich durchzuhalten, und ich bin froh, dass ich das damals getan habe. Dieser Song wird mich immer an diese Zeit erinnern und daran, dass es gut ist, auch mal durch den Gegenwind zu gehen. Das kann bei Rio vieles bedeuten. Politisch etwas zu bewegen, für seine Liebe zu kämpfen oder sich über Zwänge hinwegzusetzen. Und obwohl ich nicht Rios Generation bin, hat seine Musik mich erreicht. Denn seine Botschaften sind zeitlos und werden noch viele weitere Generation positiv beeinflussen. Das schafft nicht jede Kunst, das schaffen nur einige wenige Künstler. Und Rio war einer von ihnen.

– Manuel Bittorf (Betterov)

DER TURM STÜRZT EIN

1981, LP »IV« (TSS)

Auf den Asphaltfeldern grasen
Goldene Kälberherden Tag und Nacht
Über ihnen Wolkenkratzer
Wo die Computer schmatzen
Ach, wo ist noch Platz für mich
Oder ein Dach für dich
Hörst du es flüstern im Land
Dracula sucht einen Sarg
Helmut kauft sich Koks im Park
Siehst du die Schrift an der Wand

Der Turm stürzt ein
Der Turm stürzt ein
Halleluja, der Turm stürzt ein

Der Pepsodent von USA
Ist ein cooler Loser seiner Macht
Glänzend, doch schon rostzerfressen
Fliegt er durch den Wilden Westen
Ach, wo ist noch Platz für mich
Oder ein Dach für dich
Hörst du es flüstern im Land
Old Shatterhand und Nietzsche tot
Im Kaufhof klaut Gott sein Brot
Siehst du die Schrift an der Wand

Der Turm stürzt ein
Der Turm stürzt ein
Halleluja, der Turm stürzt ein

Ruße in Beton und Stahl
Müde alles Material
Hörst du das Flüstern im Land
Jesus kommt trotz Pillenknick
Flöte hat mit Faust gekickt
Die Postbeamten tragen Schwarz
Ne Tonne Öl kost' Tausend Mark
Siehst du die Schrift an der Wand

Der Turm stürzt ein
Der Turm stürzt ein
Halleluja, der Turm stürzt ein

JENSEITS VON EDEN

1981, LP »IV« (TSS)

Heiß, heiß, kochend heiß
Heiß, heiß, hundert Grad
Heiß, heiß, glühend heiß
Heiß, heiß, blühend weiß

Jenseits von Eden
Euphrat und Tigris
Allah wollte es so
Sechshundertsechsundsechzig

Schütze uns vor gestern
Eins neun dreiunddreißig
In 3D und Farbe
Dann ist Sendepause

Das war der Wilde Westen
Hält Gott die Zehn Gebote
Ich will nicht, dass du in Schwarz gehst
Weil ich tot bin

Wo warst du im Krieg
Weißt du, was ich meine
Du warst auf der Suche
Ich war auf der Flucht

Hörst du die Räder rollen
Durchsichtig und klar
Irgendwann in der Nacht
In Musik gebadet

Jede Blume
Hat ihren Schatten
Zweitausend Lieder
Zweitausend Tode

Mama, Mama
Warum hast du mich geboren
Oder hat mich der Esel
Im Galopp verloren

Ach, ich spring ins Leere
Halleluja Schwestern
Ich hab den Text vergessen
Ich bin mein Fragezeichen

Doch ich komm morgen wieder
Gib mir deinen Segen
Liebe, was ist das
Das ist das Leben in der Stadt

Was soll daran schlecht sein
Liebe kommt von unten
Liebe hat schwache Worte
Ach ich bin so müde

Ich geh hier nicht weg
Geh zurück ins Meer
Such mir meinen Engel
Wer ist hinterm Spiegel

● Rio Reiser war mein Held, er war schwul, er war Utopist, und er sang von Liebe und Revolution. Das wollte ich auch. In den Achtzigern gab es viele Träumer, aber niemand hatte solche schillernden Träume wie Rio.

Ich fühlte mich zur falschen Zeit am falschen Ort, denn als ich ihn entdeckte, gab es Ton Steine Scherben schon längst nicht mehr. Er wollte König von Deutschland werden, wenn auch ironisch und reflektiert, aber dennoch in der Monarchie verhaftet. Tolle Melodien, und dann diese unglaubliche Stimme, die wütend und zärtlich war, witzig und rebellisch. Und nicht so eitel wie diese ganzen anderen selbstgefälligen Deutschrock-Typen.

Mit unserem ostwestfälischen Kassetten-Label Fast Weltweit wollten wir auch etwas anderes, unsere eigene Sprache entwickeln, jenseits von Kopien amerikanischer oder englischer Vorbilder. Als ich Mitte der Achtziger anfing, auf der Straße zu spielen, coverte ich unter anderem auch »Der Traum ist aus« und »Halt dich an deiner Liebe fest«, weil sie so einfach zu spielen waren und weil ich mich damit identifizieren konnte.

Dann war ich 1987 auf einem Rio-Reiser-Konzert in Bielefeld. Ich war so begeistert von seiner Präsenz, von seiner Wärme und auch seiner Sexyness, und obwohl ich genau wusste, dass er sich nicht für Frauen interessierte, wartete ich nach dem Konzert an der Bar auf ihn. Als er dann auftauchte, sprach ich ihn an und erzählte ihm, dass ich seine Lieder auf der Straße spiele. Er sagte: Schreib doch lieber deine eigenen Songs.

Das hab ich mir zu Herzen genommen.

Ein paar Jahre später gründete ich Die Braut haut ins Auge, einer meiner ersten Songs hieß »Liebe & Revolution«, und für unsere erste Doppelsingle 1990 nahmen wir unter anderem den Ton-Steine-Scherben-Song »Jenseits von Eden« auf, den wir »Heiß, Heiß« nannten. Der Text ist mysteriös, er handelt von Wut und Selbstfindung, von der Welt und dem eigenen Verglühen in ihr. Wow! Was für eine Wucht, und es hatte ganz viel mit mir zu tun.

»Mama, Mama, warum hast du mich geboren, oder hat mich der Esel im Galopp verloren?«

Leider gab es damals noch kein Internet, und der Songtext war nirgendwo zu finden. Ich hatte ein paar Zeilen falsch verstanden und nuschelte mich bei den Aufnahmen durch den abstrakten Text bis hin zu den Zeilen, die man sehr gut verstand.

Irgendwie lustig, aber auch ein bisschen peinlich.

Ich schickte die Doppelsingle zu Nikel Pallat, dem ehemaligen Scherben-Manager, der unter anderem dafür bekannt war, dass er 1971 in einer WDR-Talkshow einen Tisch mit einer Axt zerschlug. Er war damals Chef des Indie-Vertriebs Efa (später Indigo) und nahm unsere Doppelsingle in den Vertrieb auf. Er war ein sehr früher Unterstützer der Braut und schickte die Aufnahme auch an Rio Reiser. Leider hab ich keinen Brief von ihm bekommen, aber Nikel schrieb mir, dass Rio unsere Version sehr gelungen findet und über die falschen Textzeilen schmunzeln musste.

– Bernadette La Hengst

● *Die ersten beiden Scherben-Platten standen im Fokus der Gesellschafts- und Staatskritik, die dritte für mehr Innerlichkeit, und bei der Schwarzen (»IV«) kam der Surrealismus dazu. Gleich im ersten Stück auf der Schwarzen, bei »Jenseits von Eden«, finden sich Spuren von Dada. Inspiriert von der Tarotkarte »Das Schicksalsrad«, erzählt dieser gehetzte Rocksong leicht angerappt durch Rios Stakkato-Gesang, wie wir die Welt nach der Vertreibung aus dem Garten Eden bis heute erleben. Der thematische Vorläufersong war »Schritt für Schritt ins Paradies«. Beide Lieder thematisieren den Schöpfungsmythos aus dem Alten Testament der Bibel. Solche und ähnliche Mythen gab es zu allen Zeiten und in allen Kulturen. Wir sind aus dem Paradies vertrieben – jenseits von Eden – und müssen wieder dorthin zurückkehren, Schritt für Schritt ..., egal ob wir daran glauben oder nicht. Innerhalb der Band haben wir darüber geredet, und auch für mich ist das immer wieder ein Thema, um das meine Gedanken kreisen.*

– Kai Sichtermann (Ton Steine Scherben)

● *Banden zu bilden war das Allerwichtigste, das A und O. Denn allein machen sie dich bekanntlich ein. Ich traf die Ton-Steine-Scherben-Bande Anfang 1974 auf dem Internationalen Arbeiter-Künstler-Treffen in Braunschweig. Ich war allein, und ich suchte Anschluss. Angereist war ich als Delegierter des Nürnberger Kommunikations- und Kulturzentrums KOMM. Ich kam nicht mit leeren Händen. Ich hatte Staatsknete im Gepäck. 500 Mark plus Eintritt, um für eine Veranstaltung im fränkischen Jugendzentrum einen Gig von Arbeiterkünstlern einzukaufen. Aber ich wollte die Scherben, ein revolutionäres Start-up aus Berlin mit geiler Musik. Deswegen war ich hier. Denn Musik war wichtig. Mit Musik geht alles leichter beim Fremdsein in der bösen Welt.*

Ton Steine Scherben: Was war das 1974? Ein Kollektiv? Eine Kommune? Eine Family? Ein Clan? Auf jeden Fall waren sie alle da. Präsentierten sich komplett auf dem Event in Braunschweig. Freigegeben für mich zur Besichtigung. Und es war, wie man so schön sagt, Liebe auf den ersten Blick.

Ich traf auf ein heilloses Durcheinander und erinnere mich an eine Situation in der Kantine der Stadthalle. Rio und die Kurzen, so hießen die minderjährigen Kids aus dem Rauch-Haus, Teil des Ganzen, hatten zu jedem Punkt der Tagesordnung eine Meinung – das war ihre Bühne –, und sie brachten diese eigenen Ansichten auch ins Plenum. Eine große Diskussion war im Gange. Rio war der Chef, das war klar, und das merkte ich sofort, und ich nahm mir viel Zeit, ihn zu beobachten. Diese große Solidarität und Vertrautheit, die dort am Kantinentisch herrschte, das war es. Ich war total fasziniert von den Scherben. Denn hier waren sie unter den Arbeiterkünstlern zur falschen Zeit am falschen Ort. Die, die sich hier trafen, wollten allzu gerne hochpolitisch sein, sehr tough. Zwischenrufe aus der Scherben-Ecke wie »Hoch die internationale Kinderschokolade« und »Nieder mit den atlantischen Tiefausläufern« kamen bei den Veranstaltern nicht besonders gut an.

An die Musik, die von den Scherben damals auf die Bühne kam, kann ich mich gar nicht erinnern, vielleicht hat der Auftritt aber auch nicht stattgefunden. Die Bilder, die mein Gehirn von dieser ersten Begegnung mit den Scherben abgespeichert hat, blieben in musikalischer Hinsicht also eher stumm und erhielten ihren ultimativen Soundtrack viele Jahre später durch »Jenseits von Eden«.

In den Jahren, in denen Rio als Bandenchef der Scherben unterwegs war, bestand seine Aufgabe und Prämisse ganz automatisch darin, jenseits eines individuellen Egos ein lyrisches Wir zu konstruieren. Dreieinhalb Jahre meines Lebens war ich eine Scherbe. Ein Wir, aus dem ich 1978 wieder ausgestiegen bin. Als einer der Letzten des alten Fresenhagener Hofes, auf dem am Schluss außer Rio nur noch Lanrue übrig geblieben war.

Die Welt hatte sich nicht so geändert, wie wir alle gehofft hatten. Sie war nicht einfacher, sondern komplizierter geworden.

Die Aura, die von Rio ausging, zog mich sofort in ihren Bann. Ich war wie verhext. Da war jemand – so schüchtern und fragil er auch nach außen wirken mochte –, der über ein starkes Ich und ein anscheinend unerschöpfliches kreatives Potenzial zu verfügen schien. Aber er brauchte Schutz, brauchte seine Familie, die Kommune, um wirken zu können. Das wollte ich erkunden. Bald darauf habe ich die Scherben in Berlin-Kreuzberg 61 besucht. Das riesige Haus am Tempelhofer Ufer ragte wie ein Keil in die dreispurige, viel befahrene Schnellstraße am Landwehrkanal. Oben quietschte die U-Bahn. Links ging es zur Luckenwalder Straße, von dort zum Kühlhaus und Eingang Gleisdreieck – eine Geisterzone.

Es hat eine Weile gedauert, bis ich realisierte, dass die zwei monströsen Wohnungen, die übereinanderlagen, über eine Hintertreppe direkt verbunden waren. Auch hier herrschte reges Treiben. Aber wer gehörte dazu, wer war Gast? Immerhin fand ich einen Platz für die Nacht und war somit als Teil des großen Ganzen willkommen. Das war eine echte Kommune, dachte ich mir, so will ich auch leben, was sind die Voraussetzungen dafür?

Obwohl »Jenseits von Eden« zwei Jahre nach meiner Zeit in Fresenhagen entstand, reflektiert der Song Stimmungen und Erfahrungen jener Jahre, die bei den Scherben bis dato weniger auf der Bühne, sondern eher backstage und privat virulent geworden waren. Denn trotz der endlosen Politdiskussionen, denen sich die Band nach ihren wenigen Konzertauftritten immer noch zu stellen hatte, waren Tarot und I Ching und ein heute fast schon unschuldig anmutender Gebrauch von Halluzinogenen angesagter für die Bewusstseinserweiterungen in Fresenhagen als das Studium von antikapitalistisch angehauchten Diskursen. Was Rio und Lanrue nach meiner Wahrnehmung im Grunde schon beim Umzug aufs Land vorschwebte, war eher etwas, dass man als spirituelle Popmusik bezeichnen könnte.

Naheliegend war es deshalb, dass Rio sich mit den musikalischen Weggefährten erst einmal in der Dekonstruktion seiner literarischen Vorbilder zwischen Bibel, Karl May und deutscher Romantik erprobte. Bildstark, minimalistisch, visionär. Phantastische Welten. Ein Kaleidoskop der Evolution. Nachkriegsdeutschland. Rio als Kind des Wirtschaftswunders. Ein Ritt durch die Galaxie. Bis ganz weit zurück zu den Anfängen der Menschheit ... und montiert wird es zu einem prophetischen Gesamtkunstwerk. Literarisch erwachsener als in »Jenseits von Eden« war Rio nie wieder.

– Egon Bunne

BLEIB, WO DU BIST

1981, LP »IV« (TSS)

Du, noch nicht verfroren
Noch nicht verloren
Noch ungeboren
So schläfst du durch die Finsternis
Wie ein Stern oder ein Engel
Schwimmst in unendlicher Musik
In rosahimmelblauer Stille

Frei und ahnungslos
Sicher im Schoß
Und ahnungslos
Über weiche Wiesen tanzt du
Die Welt ist noch so weit
Treibst sorglos in die Zukunft
Und weißt nichts von Vergangenheit

Am Ende des Tunnels lockt dich das Licht
Aber hier draußen gibt's kein Zurück
Keine Gnade
Keine Gnade
Hier, was wirst du sehen
Was wird geschehen
Wenn sie dich sehen

Du, noch nicht verfroren
Noch nicht verloren
Noch ungeboren
Und ahnungslos
Sicher im Schoß
Was wird geschehen
Wenn sie dich sehen

Bleib, wo du bist

WO SIND WIR JETZT

1983, LP »Scherben« (TSS)

Ihr macht mich kalt – ihr macht mich kalt
Ich fühl, ich fühl mich Tausend Jahre alt
Ihr macht mich leer – ihr macht mich leer
Ich fühl, ich fühl mich Tausend Tonnen schwer

Keine Zeit für mich – keine Zeit für mich
Ich such den Anfang, aber die Tür ist dicht
Ich hör große Worte – ich hör große Worte
Aber ich weiß, da ist 'ne Bombe in der Torte

Wo sind wir jetzt
Seele versetzt
Herzen verkauft
Ich halt's nicht mehr aus

Ich weiß nicht, warum – ich weiß nicht, warum
Ich hör Tausend Stimmen, aber alle sind stumm
Frag mich nicht, wann – frag mich nicht, wann
Der Countdown läuft, und das Licht ist nicht an

Wo sind wir jetzt
Seele versetzt
Herzen verkauft
Ich halt's nicht mehr aus

● *Am 3.6.1983 haben Ton Steine Scherben auf dem Stadtfest in Kassel gespielt! Also wirklich, DIE Ton Steine Scherben? Ernsthaft? In Kassel? In der Friedrichsstraße, der Fußgängerzone? Nachmittags um halb fünf? Wenn Oma und Opa einkaufen gehen? Also, wir sind alle hingegangen! Wie es zu diesem Konzert kam, das weiß ich nicht – wahrscheinlich hatte diese Veranstaltung mit Subkultur, politischem Kampf oder Punk nicht viel zu tun, vermutlich war dieser Gig irgendwie in den Tourplan gerutscht – denn es war ein komplettes Paket: Zunächst kam die Band Schroeder Roadshow: »Ich spiele euer Spiel nicht mit, ich scheiß auf eure Welt.«*

Als Nächstes enterte der Clown Eisi Gulp die Bühne. Irgendwie erinnere ich mich nicht mehr genau an seine Scherze, aber ich glaube es war lustiger, dreister Anarcho-Humor.

Dann wurde die Bühne für Ton Steine Scherben vorbereitet, es gab einen Flügel, und auf den wurde ein riesiger Synthesizer gestellt. Ich hatte mir die Instrumente dieser Band viel räudiger vorgestellt – das hier war alles top, die Bühne sah aus wie eine Musikalienhandlung. Diese Typen schlurften auch irgendwie lustlos herum und stöpselten an den Kabeln. Na, das kann ja was werden!

Und dann löste sich urplötzlich die dämliche Kasseler Innenstadt und das doofe Straßenfest, die Rentner, das Einkaufscenter in Nebel auf: Rio Reiser lag, den Kopf auf eine Hand gestützt, auf der Bühne und begann einfach loszusingen, die ersten drei Silben ohne die Band, die dann wie ein Orkan einsetzte, vollkommen entwaffnend und auf allen Ebenen überzeugend. Alle Lichter gingen aus bei mir (Na ja, es war sowieso heller Nachmittag!), und erst bei der zweiten Nummer (»Wo sind wir jetzt«) kam ich wieder zu Bewusstsein: »Frag mich nicht, wann / Der Countdown läuft, und das Licht ist nicht an.«

– Brezel Göring (Stereo Total)

BIST DU'S

1983, LP »Scherben« (TSS)

Durch den Sturm hör ich
Weit weg
Weit weit
Eine Stimme
Deine Stimme
Hörst du mich
Hörst du mich

Durch den Nebel seh ich
Weit weg
Weit weit
Einen Schatten
Deinen Schatten
Siehst du mich
Siehst du mich

Was 'n Wetter
Was 'ne Zeit
Es ist finster weit und breit
Was 'n Wetter
Was 'ne Nacht
Ist da noch jemand wach
Bist du's

Durch den Regen spür ich
Ganz nah
Nah, nah
Ein Gesicht
Dein Gesicht
Halt mich fest
Halt mich fest

Was 'nen Wetter
Was 'ne Zeit
Es ist finster weit und breit
Was 'nen Wetter
Was 'ne Nacht
Ist da noch jemand wach
Bist du's

HAU AB

1983, LP »Scherben« (TSS)

Mach die Augen auf, wasch dein Gesicht
Steh auf, steh auf, komm raus ans Licht
Den Rauch und den Staub der langen Nacht
Spül ihn weg, wisch ihn weg, und wasch ihn ab
Pack die Sachen, und hau mit mir ab

Was dir auf der Zunge liegt, spuck es aus
Was dir im Magen liegt, kotz es raus
Mein Leben ist alles, was ich hab
Ein Fuß im Knast, ein Bein im Grab
Mir fällt der Himmel auf den Kopf, ich seil mich ab

Komm endlich raus aus Mamas Schoß
Hier wächst auf allen Steinen Moos
Hier werden nur die Zwerge groß
Auf dieser Insel ist nichts los
Aber wo ein Fluss ist, ist ein Floß
Leg mit mir ab, mach die Leinen los

In Teufels Küche ist es warm
Da ist nicht mal der Ärmste arm
Doch ich kann die Sparschweine nicht mehr ab
Und auch die Lohntüten hab ich satt
Komm mit, komm mit, hau mit mir ab

Komm endlich raus aus Mamas Schoß
Hier wächst auf allen Steinen Moos
Hier werden nur die Zwerge groß
Auf dieser Insel ist nichts los
Aber wo ein Fluss ist, ist ein Floß
Leg mit mir ab, mach die Leinen los

LASS UNS EIN WUNDER SEIN

1983, LP »Scherben« (TSS)

Ich will nicht, dass du mir gehörst
Mich bedienst oder verehrst
Dass du immer an mich denkst
Wie ein Schmuckstück an mir hängst
Und die Mäuse für mich fängst
Mir dein ganzes Leben schenkst

Lass uns ein Wunder sein
Ein wunderbares Wunder sein
Nicht nur du und ich allein
Könnte das nicht schön sein
Lass uns ein Wunder sein
Ein wunderbares Wunder sein
Nicht nur du und ich allein
Könnte das nicht wunderbar sein

Ich will dich aber nicht bekehren
Dich erziehen oder belehren
Dass du mit niemand anderem pennst
Wenn ich nicht bei dir bin, flennst
Deine Freunde nicht mehr kennst
Und wenn ich dich rufe, rennst

Lass uns ein Wunder sein
Ein wunderbares Wunder sein
Nicht nur du und ich allein
Könnte das nicht schön sein
Lass uns ein Wunder sein
Ein wunderbares Wunder sein
Nicht nur du und ich allein
Könnte das nicht wunderbar sein
Lehn mich an dich
Bevor wir erfrieren
Bevor wir versteinern
Oder die Spur verlieren
Lehn mich an dich
Bei Tag oder Nacht
Wenn du nicht schlafen kannst
Bleib ich mit dir wach
Ich werde da sein
Wenn du mich rufst
Ich werd dich finden
Wenn du mich suchst

Lass uns ein Wunder sein
Ein wunderbares Wunder sein
Nicht nur du und ich allein
Könnte das nicht schön sein
Lass uns ein Wunder sein
Ein wunderbares Wunder sein
Nicht nur du und ich allein
Könnte das nicht wunderbar sein

● *»Was verstehst du unter Liebe?« Rio Reiser: »Wenn Leute sich gegenseitig das Leben leichter machen, ohne was dafür zu erwarten.«*

So könnte man »Lass uns ein Wunder sein« inhaltlich in einem Satz zusammenfassen, und doch ist der Song so viel mehr: Die berührende Kraft der Musik und die sanfte Eindringlichkeit der Stimme machen aus diesen Zeilen eines der stärksten deutschsprachigen Liebeslieder, die je geschrieben wurden.

»Lass uns ein Wunder sein« erschien auf »Scherben«, dem fünften und gleichzeitig letzten Studioalbum von Ton Steine Scherben, das 1983 veröffentlicht wurde. Eine Zeit, die den Beginn der Ära Kohl markierte und geprägt war vom Wettrüsten, dem Nato-Doppelbeschluss, der drohenden Stationierung der Pershing-II-Raketen, der Friedensbewegung, den mit ihr verknüpften Hoffnungen, einer neuen, tödlichen Krankheit namens Aids und der damit einhergehenden Diskriminierung.

Obwohl ich damals noch nicht mal die Schwelle zum Teenager überschritten hatte, erinnere ich mich ziemlich gut an diesen diffusen Gefühls-Cocktail aus einem Teil Angst, zwei Teilen kindlicher Zuversicht und naiver Ahnungslosigkeit – zunehmend und ausdauernd erschüttert durch die stets präsente Bedrohlichkeit des Kalten Krieges.

Den Song »Lass uns ein Wunder sein« kannte ich damals noch nicht. Rio Reiser begegnete mir erst 1986, als ich die Single »König von Deutschland« in meinen westdeutschen Teenie-Händen hielt und sie auf unserem Philips 22 GF 113 Tangerine rauf- und runternudelte.

Wenn ich die Live-Kassetten von Otto Waalkes mal außen vor lasse, dürfte diese Schallplatte mein Dornröschenkuss in Sachen politische Musik gewesen sein, zumindest gab ich mich bald nach dieser Ouvertüre dem kompletten Scherben-Œuvre hin. Ich empfand Rios Stimme als wunderbar dringlich, aufrichtig und ehrlich und wirklich alles, was dieser Mensch sang, als wahnsinnig wichtig, absolut richtig, aktuell und (überlebens-) notwendig.

Ich spürte in jeder Faser meines pubertierenden Körpers, dass Rios Texte unbedingt autobiografisch sein mussten. Kein »self-fashioning«, sondern wahrhaftig, privat, intim und so hochgradig selbstreflexiv, dass es eine Offenbarung für mich war. Von seinen Worten fühlte ich mich in meiner Identitätsfindung abgeholt und verstanden. Lange vor meinem Philosophiestudium und bevor ich je etwas von Neuer Subjektivität gehört hatte, entdeckte ich dank Rio, dass der Wille, sich selbst zu verändern und die eigenen emotionalen Probleme zu überwinden, der erste Schritt sein muss, um gesellschaftlich und politisch etwas bewegen zu können.

Wann immer ich die ersten Takte von »Lass uns ein Wunder sein« höre, ist das alles sofort wieder präsent. Als wir 2005 gefragt wurden, ob wir mit Klee einen Titel für die Compilation »Familienalbum II« covern wollen, fiel unsere Wahl deshalb direkt auf diesen Song. Aber natürlich hatten wir auch eine Menge Respekt davor. Denn die Aufgabe, als female fronted Popband den Titel 30 Jahre nach seiner Veröffentlichung nicht dem Klischee einer (sexuell befreiten) Utopie zum Fraße vorzuwerfen, ohne den damaligen politischen und gesellschaftlichen Kontext mitzudenken, war tatsächlich eine Herausforderung. Das Stück mit der Gegenwart konfrontieren zu können, ist Rios unnachahmlichem Spirit zu verdanken. Die Essenz des Textes, nämlich das Zulassen der Gleichzeitigkeit von absoluter Freiheit, sicherer Nähe und bedingungsloser Verbindlichkeit in einer Liebesbeziehung – im Grunde in jeder von Zuneigung bestimmten zwischenmenschlichen Beziehung –, macht den Song auf wunderbare Weise zeitlos und noch immer zu einem mutigen Statement.

– Sten Servaes (Klee)

MAMA WAR SO

1983, LP »Scherben« (TSS)

Ich bin auf die Welt gekommen
Mit zwei Augen unter der Stirn
Mit 'nem Fuß an jedem Bein
Ich hab gelacht, anstatt zu weinen
Ich hatt 'nen Fehler im Gehirn
Irgendwas war nicht in Ordnung
Keiner konnte es verstehen
Ich wollte nicht in den Kindergarten
Und nicht zur Schule gehen

Es kam, wie es kommen musste
Das Schicksal nahm seinen Lauf
Aber es ist nun mal nicht mehr zu ändern
Und es macht mir auch gar nichts mehr aus

Mama war so
Papa war so
Oma war so
Ding-e-ding, ding-e-ding
Papa war so
Mama war so
Opa war so
Ding-e-ding, ding-e-ding

Die Schule hat mich verlassen
Und ich wurde Fotograf
Da hat sich aber auch was anderes entwickelt
Als das, was zu entwickeln war
Es war in der Dunkelkammer
Die Sicherung war durchgebrannt
Er war ein Typ wie ich
Aber es klappte nicht
Weil uns die Chefin fand

Es kam wie es kommen musste
Das Schicksal nahm seinen Lauf
Aber es ist nun mal nicht mehr zu ändern
Und es macht mir auch gar nichts mehr aus

Mama war so
Papa war so
Oma war so
Ding-e-ding, ding-e-ding
Papa war so
Mama war so
Opa war so
Ding-e-ding, ding-e-ding

Jetzt leb ich schon so viele Jahre
Hab immer noch nix kapiert
Ich seh oft Ärsche statt Gesichter
Verwechsle Wachtmeister und Richter
Und bin immer noch nicht konfirmiert
Oft hör ich eine Stimme flüstern
Wenn ich allein durch den Supermarkt geh
Hier spricht der eiskalte Rächer
Der Sohn vom Tagesschau-Sprecher
Pack deine Sachen in die Tasche und geh!

Es kam, wie es kommen musste
Das Schicksal nahm seinen Lauf
Aber es ist nun mal nicht mehr zu ändern
Und es macht mir auch gar nichts mehr aus

Mama war so
Papa war so
Oma war so
Ding-e-ding, ding-e-ding
Papa war so
Mama war so
Opa war so
Ding-e-ding, ding-e-ding

MOLE HILL ROCKERS (ARBEITSLOSEN-REGGAE)

1983, LP »Scherben« (TSS)

Ich hab jede Menge Zeit
Ich hab 'n Wecker, der nicht richtig tickt
Auf mich wartet keine Arbeit
Keine Stechuhr und kein Meister
Der mich Brötchen holen schickt

Ich bin einer von vielen – arbeitslos
Und ich kann mir zwar 'ne Arbeit suchen
Doch meine Chancen sind nicht eben groß
Und ich will auch nicht irgendwas machen
Könnt ihr das nicht verstehen
Ich will 'n Job haben, der mir Spaß macht
Und ich will was dafür sehen

Die Debatte, welcher Kreuzberger Flecken den besten Rio-Reiser-Platz abgeben würde, zog sich bekanntlich ein Weilchen hin, und auch ich habe mit unserer Band, dem Lunsentrio, Gemüt und Geist darüber hin- und wieder hergeschüttelt.

Die Wahl fiel letztlich dergestalt aus, dass sich die frisch eingeweihte Rio-Reiser-Gedächtnissäule seit vorletztem Jahr exakt vor den Fenstern des Antiquariats mit dem schönen Namen »Müßiggang« und seinen sporadischen Kernöffnungszeiten reckt. Und um darin eine gewisse allegorische Treffsicherheit zu erkennen, dazu muss man beim Schlendern über den Rio-Reiser-Platz nur das kleine Ton-Steine-Scherben-Lied »Mole Hill Rockers« durch die Backen pfeifen.

Grundsatzmisstrauen gegenüber Lob und Preis allgemeinüblicher Arbeitsmoral und die Vorzüge des eigenen Müßiggangs öffentlich und vor allem fröhlich vorzuführen, ist von jeher der kürzeste Weg, um für Verärgerung zu sorgen, und in dieser Tradition ist der Song von den Mole Hill Rockers ein wirklich wunderschönes Meilensteinchen.

Nicht ganz so kompromisslos wie die »Ne travaillez jamais«-Parolen auf den Hosen der Situationisten oder die absoluten Sprüche auf den T-Shirts der Anarchistischen Pogopartei Deutschlands, in seinen Forderungen aber deutlich unnachgiebiger als Eddie Cochrans »Summertime Blues«, bringt's der Song in weniger als eineinhalb scharf geschliffenen Minuten auf den Punkt: Während sich nämlich diejenigen, die auch von einem Wecker träumen, der nicht richtig tickt, ihren Neid gerade noch damit stillen, dass Rio Reiser seinen Zeitüberschuss zwar nicht in die Stechuhr, dafür aber zumindest in die ebenfalls halbwegs brave Arbeit des Singens und fleißigen Verseschmiedens steckt, da ist der Song bereits nach einem Dutzend Zeilen und einer sorglosen und gänzlich abstrakt gehaltenen Textdreingabe ganz am Ende auch schon wieder vorbei und auf lebenslustige Art das Gegenteil bewiesen.

Technisch gesehen ist das Stück übrigens ein sogenannter Cod-Reggae – nach der vom Londoner Dub-Produzenten Seb-I Kellig überarbeiteten Definition dieses Genres also ein Reggae-

stück einer Band, von der wir üblicherweise keinen Reggae erwarten würden.

Und dann ist da natürlich noch der Titel des Songs, der mit Verlaub verrät, dass Rio Reiser und die Ton Steine Scherben – wie meistens – mit dem Lied letzten Endes eben doch keinen Ärger säen, sondern Zuversicht.

Denn schließlich wissen wir doch, wie es der arbeitsscheuen Grille in Janoschs Geschichte von der Grille und dem Maulwurf erging: Das ganze Jahr über kein Feld bestellt, kein Haus gebaut und keine warmen Handschuhe gestrickt, und im Angesicht des hereinbrechenden Winters von Maus und Hirschkäfer im Stich gelassen, nimmt sie niemand anders als der Maulwurf unter seinen Hügeln auf, erfreut sich an ihrem Geigenspiel, und die beiden Mole Hill Rocker haben die schönste Zeit ihres Lebens!

– Hank Schmidt in der Beek
(Das Lunsentrio)

FIEBER

1983, LP »Scherben« (TSS)

Mir ist krank
Es brennt
Der Spiegel ist leer
Feuer, Feuer
Die Erde bebt
Der Spiegel ist leer

Brüderchen, was machst du
Schläfst du oder wachst du
Brüderchen, was machst du
Weinst du oder lachst du

Die Sterne fallen vom Himmel
Dies Irae
Der Spiegel ist leer
Die Flut, die Flut kommt
Die Berge stürzen ein
Der Spiegel ist leer

Brüderchen, was machst du
Schläfst du oder wachst du
Brüderchen, was machst du
Weinst du oder lachst du

REGENTAG

1983, LP »Scherben« (TSS)

Ne Stunde ist 'ne lange Zeit
Kein Mensch zu sehen weit und breit
Ich fühl gut
Ich fühl warm
Fühl mich wie Lisa
Auf Mamis Arm

Tropf, tropf, tropf
Du Regentag
Tick, tick, tick
Die Uhr geht nach
Grün und grau sind Stadt und Land
Und dein Bild hängt an der Wand

Klopf, klopf, klopf
Wer ist denn da
Klopf, klopf, klopf
Ah

● *An den Herbst 1982 kann ich mich noch gut erinnern. Kai und ich wohnten mit unserer damals anderthalbjährigen Tochter Lisa mit der Scherben-Family in Fresenhagen, in Nordfriesland. Mit einem Kleinkind zusammen mit Rockmusikern zu leben war nicht einfach. Alles drehte sich um die neue Platte, die die Scherben gerade aufnahmen. Und Kai wollte unbedingt auch Songs dazu beisteuern. Eines Abends, als Lisa schlief, spielte Kai mir ein Instrumentalstück auf dem Klavier vor. Es hatte einen schönen Riff, der mich spontan ein wenig an »New York, New York« von Frank Sinatra erinnerte. Aber natürlich war der Riff dann ganz anders. Ich sagte Kai, dass mir die Komposition gut gefalle und ermunterte ihn, es auch den anderen vorzuspielen.*

Angie Olbrich mit Carambolage im SO 36

Ich fragte Kai, ob er schon eine Textidee habe. Er verneinte, und später erfuhr ich, dass Rio dazu den Text geschrieben hatte. Als ich dann die fertige Aufnahme hörte, habe ich mich gefreut und musste schmunzeln, denn Rio hatte unsere Tochter und indirekt auch mich mit in den Text eingebaut: »Ich fühl gut, ich fühl warm, fühl mich wie Lisa auf Mamis Arm.« Das fand ich total süß von Rio. Der Song bestand dann auch irgendein kompliziertes Auswahlverfahren der Band, an dem auch Claudia Roth teilnahm, und kam 1983 mit auf das neue Album »Scherben«.

– Angie Olbrich (Carambolage)

VERBOTEN

1983, LP »Scherben« (TSS)

Es ist verboten
Was wir da machen, ist verboten
Dafür gibt's was auf die Pfoten
Weil was wir machen, ist verboten
Von Flensburg bis zum Bodensee, hey
In DDR und BRD, hey
Bei den Schwarzen und den Roten
Was wir da machen, ist verboten

Es ist tabu, huh
Was wir da machen, ist tabu, huh
Verdamm mich hart, aber true, huh
Was wir da machen, ist tabu, huh
Bei Kerzenlicht und Sonnenschein
In Frankfurt/Oder oder Frankfurt/Main
Bei SPD und CDU, huh
Was wir da machen, ist tabu, huh

Aber es ist wunderbar
Es ist wunderbar

TANZ!

1983, LP »Scherben« (TSS)

Dreh dich um, und schau mir in die Augen, sieh mich
Hol dir ’n neues Glas, da ist noch Wein, und flieh nicht
Komm zu mir, und komm zu dir, verführ mich, spür mich
Lass mich zu dir, lass dich zu mir, und berühr mich
Nimm mich an der Hand, komm durch die Wand, verlier dich
Fass mich an, ich fass dich an, und wir erfrieren nicht

Tanz mit mir, tanz mit mir
Tanz, bis wir fliegen
Lass uns auf rosaroten Wolken liegen
Lass uns im Regenbogen lieben
Tanz mit mir, tanz mit mir
Tanz, bis wir fliegen

Kann ich mit dir gehen, ich bin allein, verstehst du
Bring mich zu dir, nimm mich zu dir, wohin gehst du
Komm in meine Träume, bring mir Sonne, Regen
Schwing dich in mein Herz, und lass mich sterben, leben
Hörst du, wie mein Herz klopft, ich bin hier, verlang mich
Dreh dich um, und schau mir in die Augen, fang mich

Tanz mit mir, tanz mit mir
Tanz, bis wir fliegen
Lass uns auf rosaroten Wolken liegen
Lass uns im Regenbogen lieben
Tanz mit mir, tanz mit mir
Tanz, bis wir fliegen

ICH BIN MÜDE

1983, LP »Keine Probleme« (Michels)

Du bist zu warm, ich bin zu kalt
Du bist zu jung, ich bin zu alt
Du bist zu arm, ich bin zu reich
Du bist zu hart, ich bin zu weich

Du bist zu high, ich bin zu down
Ich bin zu ernst, du bist ein Clown
Ich bring dich runter, du bringst mich rauf
Ich mach nicht weiter, aber du gibst nicht auf

Ich bin müde

Du denkst nach vorne, ich denk zurück
Ich zieh das Pech an, du hast nur Glück
Du bist der Größte, ich bin bankrott
Du bist ein Teufel, ich bin ein Gott
Du bringst das Geld rein, ich schmeiß es raus
Du gehst durchs Feuer, ich geh nach Haus

Alles Schutt und Asche
Alles Rauch und Staub
Alles Trick und Masche
Alles welkes Laub

Ich bin müde

Du kennst die Wahrheit, ich nicht mal dich
Du bist die Liebe, ich lieb nur mich
Ich bin verkrampft, du bist so frei
Ich komm 14:30, du um halb drei

Alles Schutt und Asche
Alles Rauch und Staub
Alles Trick und Masche
Alles welkes Laub

Ich bin müde

KOMM DOCH HER

1983, LP »Keine Probleme« (Michels)

Mitten in der Nacht
Bin ich plötzlich aufgewacht
Und ich muss mit jemand reden
Fühl mich so leer
Komm doch her
Komm doch her

Ich glaub, du fühlst wie ich
Und ich denk an dich und dich
Das Land wird immer kälter
Die Seelen werden leer
Komm doch her
Komm doch her

Wenn der Tag nicht kommt
Weil die Angst nicht geht
Wenn die Nacht nicht weicht
Weil der Wind nicht dreht
Wenn du nicht mehr weißt
Wofür dein Herz noch schlägt
Wenn's dir genauso geht
Wie heute mir
Ich wart auf dich
Ich wart auf dich

Manchmal lieg ich Stunden wach
Manchmal fühl ich mich so schwach
Und ich hoffe, du verstehst mich
Kannst du mich hören
Komm doch her
Komm doch her

Wenn der Tag nicht kommt
Weil die Angst nicht geht
Wenn die Nacht nicht weicht

Weil der Wind nicht dreht
Wenn du nicht mehr weißt
Wofür dein Herz noch schlägt
Wenn's dir genauso geht
Wie heute mir
Ich wart auf dich
Ich wart auf dich

Mitten in der Nacht
Bin ich plötzlich aufgewacht
Und ich muss mit jemand reden
Fühl mich so leer
Komm doch her
Komm doch her

Manchmal glaub ich
Wir haben kaum noch Zeit
Vielleicht ist es bald so weit
Nur zusammen können wir's schaffen
Schritt für Schritt
Komm doch mit
Komm doch mit

Wenn der Tag nicht kommt
Weil die Angst nicht geht
Wenn die Nacht nicht weicht
Weil der Wind nicht dreht
Wenn du nicht mehr weißt
Wofür dein Herz noch schlägt
Wenn's dir genauso geht
Wie heute mir
Ich wart auf dich
Ich wart auf dich
Komm doch her

ICH WILL ICH SEIN

1984, LP »Scherben in Berlin« (TSS)

Ich will ich sein, anders kann ich nicht sein
Ich will nicht sein wie der und der
Ich will sagen, was ich denke
Ich will ich sein, anders kann ich nicht sein

Ich will nicht nur sehen, was alle sehen
Will nicht nur gehen, wohin alle gehen
Will nicht nur lachen, wenn alle lachen
Will nicht nur machen, was alle machen
Ich will singen, was ich singen will
Und will sagen, was ich sagen will
Ich will leben, wie ich leben will
Und will lieben, wen ich lieben will
Ich will nicht getreten werden
Und ich will nicht treten
Und ich will auch nicht
Das goldene Kalb anbeten

Ich will ich sein, anders kann ich nicht sein
Ich will nicht sein wie der und der
Ich will sagen, was ich denke
Ich will ich sein, anders kann ich nicht sein

Ich will nicht rennen, wenn alle rennen
Ich will nicht pennen, wenn alle pennen
Ich will nicht schweigen, weil alle schweigen
Will mich nicht beugen, weil sich alle beugen
Ich will mich nicht bücken vor dem weißen Kragen
Und ich will 'ne Antwort auf meine Fragen
Und ich will nicht folgen, weil sie es befehlen
Und wenn ich wähle, will ich mich selber wählen
Ich will kein Herr sein und kein Knecht
Das ist mein Wille und mein Recht

Ich will ich sein, anders kann ich nicht sein
Ich will nicht sein wie der und der
Ich will sagen, was ich denke
Ich will ich sein, anders kann ich nicht sein

»Ich will ich sein, anders kann ich nicht sein
Ich will nicht sein wie der und der
Ich will sagen, was ich denke
Ich will ich sein, anders kann ich nicht sein«

Mit diesen Worten goss Rio in musikalische Form, was der Anspruch und das Lebensgefühl einer ganzen Generation war. Wir alle wollten aufbrechen: Rio, die Scherben, die neuen sozialen Bewegungen in der so aufrührerischen, politisch aufgeladenen Zeit der Siebziger- und Achtzigerjahre.

Dieser laute und so authentische Schrei **»Ich will ich sein!«** *zeugt von der großen Sehnsucht, die bleierne Zeit der Eltern- und Großelterngeneration, der man das Träumen ausgetrieben hatte, hinter sich zu lassen. Es geht um nicht weniger als um eine echte Subversion der Verhältnisse, um Freiheit und Selbstbestimmung, für alle und für jede*n.*

»Ich will nicht getreten werden
Und ich will nicht treten
Und ich will auch nicht
Das goldene Kalb anbeten«

Rio wollte sich von niemandem sagen lassen, was er zu tun hatte. Er lebte, wie er leben wollte. Wenn er ein politisches Programm hatte, dann das: seinen Traum von Freiheit leben. Für sich. Aber auch mit anderen, nicht gegen sie.

*Von Rio habe ich gelernt, welche Kraft Emotionen haben können, wenn sie glaubwürdig, ehrlich und authentisch sind. Er konnte seine Gefühle, sein Leiden, seine Wut, seine Sehnsucht, seine Liebe übertragen, von der Bühne auf das Publikum, von der Schallplatte auf die Zuhörer*innen. Damit brachte er die Menschen dazu, sich einzumischen und zu kämpfen für ihre eigene Freiheit und die Freiheit ihres Nächsten.*

»Ich will ich sein«, das hieß konkret: Ich will sagen, was ich sagen will. Ich will singen, was ich singen will. Und ich will lieben, wen ich lieben will. Rio lebte offen und offensichtlich schwul

in einer Zeit, in der das bei Weitem nicht selbstverständlich oder einfach war – weder in der Gesellschaft noch im eigenen, doch so rebellischen Milieu. Er erklärte, er wolle dafür sorgen, dass sich niemand für seine Gefühle und für sein Begehren schämen oder gar verstecken müsse. Das provozierte Protest und Empörung. Dass ein Popstar sich zu seiner Homosexualität bekannte, das war damals ein Skandal. Durch ihn erst wurde mir klar, wie politisch auch Privates ist und dass diese Einstellung der kompromisslosen Authentizität fundamental im Kampf gegen Diskriminierung ist.

Mir zerreißt das Herz, wenn ich daran denke, dass Rio so viele Jahre schon nicht mehr lebt. Ich vermisse seine Leidenschaft, seine emotionale Intelligenz, sein großes Herz. Aber wir geben seinen Traum der Selbstbestimmung, Gerechtigkeit und Freiheit nicht auf. Was Rio so authentisch gelebt hat, bleibt für immer Essenz meiner politischen Arbeit: der Kampf für sexuelle Selbstbestimmung, gegen Homophobie, gegen Rassismus, für Vielfalt.

– Claudia Roth

HERZ VERLOREN

1985, LP »Bei Mondschein« (Michels)

Ich kann mein Herz nicht finden
Ich hab's wohl irgendwo verloren
Vielleicht hast du es gefunden
Ich fühl mich schon wie halb erfroren
Mit mir ist gestern etwas geschehen
Ich kann nicht sagen, was es ist
Vielleicht kannst du es verstehen
Ich hab mein Herz verloren
Das war heute Nacht bei dir

Ich hab mein Herz verloren
Ich merk erst jetzt, dass es mir fehlt
Aber wenn du es findest
Wär es nicht so schlimm, wenn du es behältst
Ich war im Fundbüro, war auf dem Revier
War in der ganzen Stadt
Ich war nur nicht nochmal bei dir
Ich hab mein Herz verloren
Aber vielleicht gibst du mir deins

Ich hab mein Herz verloren
Aber vielleicht bist du allein zu Haus
Kann ich dich sehen
Wollen wir zusammen
Vielleicht nochmal durch die Wolken gehen
Ich hab mein Herz verloren
Aber vielleicht schenkst du mir deins

ICH LEB DOCH

1986, LP »Rio I.«

Ich geh durch die Straßen und ich frier dermaßen
Doch der Sandmann verkauft nur noch Seifenblasen
Und ich fühl mich so – überall
Alles ist nur noch tödlich hektisch
Und die meisten Stühle sind elektrisch
Und ich fühl mich so – überall

Doch ich leb noch
Ich leb doch
Ich leb doch immer noch

Der eine sagt hü, und der andere sagt hott
Und der dritte verkauft den ganzen Schrott
Und ich fühl mich so – überall
Und die ganze Stadt ist ein Flugzeugträger
Nur noch Hubschrauber und Düsenjäger
Und ich fühl mich so – überall

Doch ich leb noch
Ich leb doch
Ich leb doch immer noch

Wohin ich auch mein müdes Haupt hinlege
Leichen pflastern alle Wege
Und ich fühl mich so – überall
Und es brennen die Hütten, es brennen die Paläste
Und es brennt die schwarze und die weiße Weste
Und ich fühl mich so – überall

Doch ich leb noch
Ich leb doch
Ich leb doch immer noch

FÜR IMMER UND DICH

1986, LP »Rio I.«

Ich sing für dich, ich schrei für dich
Ich brenne und ich schnei für dich
Vergesse mich, erinner mich
Für dich und immer für dich
Für immer und dich

Ich lache für dich, wein für dich
Ich regne und ich schein für dich
Versetz die ganze Welt für dich
Für dich und immer für dich
Für immer und dich

Für dich und immer für dich
Egal wie du mich nennst
Egal wo du heut pennst
Ich hab so oft für dich gelogen
Und ich bieg den Regenbogen
Für dich und immer für dich
Für immer und dich

Ich rede für dich, schweig für dich
Ich gehe und ich bleib für dich
Ich streich den Himmel blau für dich
Für dich und immer für dich
Für immer und dich

Für dich und immer für dich
Egal wie du mich nennst
Egal wo du heut pennst
Ich hab so oft für dich gelogen
Und ich bieg den Regenbogen
Für dich und immer für dich
Für immer und dich

Ich sehe für dich, hör für dich
Ich lüge und ich schwör für dich
Ich hol den blauen Mond für dich
Für dich und immer für dich
Für immer und dich

Für dich und immer für dich
Egal wie du mich nennst
Egal wo du heut pennst
Ich hab so oft für dich gelogen
Und ich bieg dir noch n' Regenbogen
Für dich und immer für dich
Wo immer du bist

● *Es war ein kleines verliebtes Geschenk aus frühen Tagen. Ein Polaroid-Foto mit meinem Porträt. »Immer für Dich!« hatte ich auf den unteren weißen Rand geschrieben. Es lehnte an dem alten Kerzenständer auf Rios Schreibtisch am Fenster.*

Und wie ich mich freute, als aus alldem ein wunderbarer Song wurde, der textlich auf der Klippe des Kitsches balanciert, doch durch Rios Stimme nie seine Glaubwürdigkeit verliert. Besonders hübsch ist, was vielen entgangen ist, dass in der Musik ein subtiler Witz eingebaut ist, der den Song erdet: Der überlaute Snare-Schlag im Refrain nach »Für dich« klingt wie eine Backpfeife. »Für dich« – klatsch! Nimm das!

Rio war wie der Baudelaire'sche Albatros: In seinen Liedern wie auch auf der Bühne flog »der stolze König in der Lüfte Reich«, doch unten, im realen Leben »verhindern mächt'ge Flügel ihn am Gehen«. Kurz gesagt: Das Leben mit ihm war nicht einfach. Es gab all die Zeit immer wieder gute Gründe, Haus und Hof zu verlassen.

In einem Auge eine Träne, im anderen mein Lächeln, erinnere ich mich an einen Tag im Dezember 1986, an dem ich meine Tante, die eine Art spiritueller Guide für Rio war, besuchte. Gerade als ich ihr all mein Leid klagen sowie meine Entscheidung mitteilen wollte, dass ich mich von Rio trennen würde, da klingelte das Telefon.

»Rio ist dran!«, rief Tante ganz erfreut zu mir. Dann wieder in den Hörer: »Ja, der ist hier, will mir gerade was Wichtiges erzählen. Möchtest du ihn sprechen? Ah, nicht. Aber ja, das richte ich ihm gerne aus. Und wie geht es denn dir, Rio? Hallo, Rio?«

»Komisch«, sagte Tante, nachdem sie den Hörer aufgelegt hatte, »wir wurden wohl unterbrochen. Rio hat mir aber aufgetragen, dir eine Nachricht zu übermitteln: Fernseher anmachen! Es kommt gleich eine Musiksendung, die heißt Känguru oder so. Und da singt er immer nur für dich, dass soll ich dir sagen. So isser, dein Rio, er denkt an dich!«

»Nein, Tante, nein!« Ich widersprach. »Für immer und dich – so heißt seine neue Single.«

»Na, wenn ich's dir doch sage: Er hat ausdrücklich gesagt, er singt für dich. Basta! Und nun lass uns mal die Sendung schauen!«

Als die Musik verklungen war, fragte mich Tante: »So, nun erzähl mal, was wolltest du mir denn Wichtiges mitteilen?«

»Ich?« Ich stammelte. War zusammengesackt, getroffen und völlig benommen von dem, was ich gerade erlebt hatte. Ich sagte: »Na, dass ich dieses Weihnachten mit dir zusammen feiern möchte.«

»Das kommt ja gar nicht in die Tüte«, sagte Tante. »Du fährst mal schön hoch zu Rio. Der Mann braucht dich. Wir können doch noch so viele Weihnachten zusammen feiern.«

»Was möchtest du mir denn damit sagen?«

»Ich habe schon viel zu viel gesagt«, sagte Tante. »Du weißt einfach nicht, wie lange du ihn noch hast.«

»Oder er mich«, warf ich ein.

»Ja, meinst du denn, ich wüsste nicht, was in dir vorgeht? Doch komm mir bloß nicht auf dumme Gedanken! Der Mann liebt dich! Das hast du doch gerade selbst gesehen. Also, wenn mir jemand so ein Lied gesungen hätte …«

»Ach, Tante, wenn du dich da mal nicht irrst.«

»Ich irre mich nie, das weißt du doch.« Tante schaute mich mit all ihrer Keckheit an. »Oder jedenfalls nur ganz selten.« Dann lachte sie und lachte.

Was soll ich dir erzählen? Sieh dir dieses Video an, du wirst es im Internet finden. Dann stell dir vor, dieser Mensch schaut dir mit seinem faszinierenden Blick durch die Kamera hindurch direkt in die Augen. Und er singt für dich. Nur für dich. Das muss dich berühren. Selbst dieser Moderator, der das Lied mit seinem dummen Ulk störte, kann nicht die Magie zerstören, die diesem Video innewohnt. Der Zauber ist groß, er traf mich tief. Ich war in seinem Bann. Da war sie wieder, die Macht, die von der Musik ausgeht, die dich glauben lässt, das alles sei wahr. Und diesmal seist wirklich du gemeint.

Diese Aufnahme zeigt für mich – neben seinen Liveauftritten – am nachdrücklichsten Rios Kunst, mit jedem, der ihn singen hört, unmittelbar in Kontakt zu treten. Ihn träumen zu lassen. Und wie schön er war! Als Rio die Zeile »Egal wie du mich nennst, egal wo du heut pennst« sang, war ich längst bereit, ihm zu vergeben – so wie diese Worte selbst die Vergebung in sich tragen.

– Misha Schoeneberg

MENSCHENFRESSER

1986, LP »Rio I.«

Menschenfresser sind auch Menschen,
  doch nicht immer Männer
Menschenfressermenschen
  fressen Professoren und Penner
Menschenfressermenschen
  können Menschen gar nicht riechen
Menschenfressermenschen
  sehen Menschen gerne kriechen
Menschenfressermenschen
  haben auch ein Herz für Kinder
Menschenfressermenschen
  leben meistens viel gesünder
Menschenfressermenschen
  essen manchmal vegetarisch
Menschenfressermenschen
  sind nicht immer blond und arisch

Und wenn Menschenfresser weinen
Tut ihnen alles schrecklich leid
Doch sie können's ja nicht ändern
Es ist halt 'ne harte Zeit

Menschenfressermenschen
  sind normal und meist sehr fleißig
Menschenfressermenschen
  gibt's nicht erst seit dreiunddreißig
Menschenfressermenschen
  sind oft ganz, ganz liebe Väter
Menschenfressermenschen
  sind meist Überzeugungstäter
Menschenfressermenschen
  fressen Menschen selten selber

Menschenfressermenschen
    haben ihre Tausend Helfer
Menschenfressermenschen
    dürfen niemals ruhen
Menschenfressermenschen
    haben schrecklich viel zu tun

Und wenn Menschenfresser weinen
Tut ihnen alles schrecklich leid
Doch sie können's ja nicht ändern
Es ist halt 'ne harte Zeit

Menschenfressermenschen
    können auch Tennis spielen und reiten
Menschenfressermenschen
    gibt's auf allen Seiten
Menschenfressermenschen
    kriegen Menschenfresserrenten
Menschenfressermenschen
    bringen es bis zum Präsidenten
Menschenfressermenschen
    geht's nicht immer nur ums Geld
Menschenfressermenschen
    gehört fast die ganze Welt
Menschenfressermenschen
    zeigen selten ihr Gesicht
Menschenfressermenschen
    wissen alles über dich
Menschenfressermenschen
    stehen neben dir am Tresen
Menschenfressermenschen
    sind es immer nicht gewesen
Menschenfressermenschen
    kriegen Menschenfresserrenten
Menschenfressermenschen
    bringen es bis zum Präsidenten

ALLES LÜGE

1986, LP »Rio I.«

Es ist wahr, dass das Jahr
Über 300 Tage
In nur 52 Wochen schafft
Es ist wahr, es ist wahr
Dass das Ausland
Viel mehr Ausländer als Deutsche hat
Es ist wahr, dass die Sonne
Nicht um die Erde
Und der Mond nicht um den Fußball kreist
Es ist wahr, dass der Gründer von New York
Nicht Kamel oder Camel
Sondern Stuyvesant heißt

Das ist wahr, das ist wahr
Aber sonst, aber sonst
Alles Lüge, alles Lüge, alles Lüge

Es ist wahr, es ist wahr
Die meisten Menschen
Wollen nicht in Dortmund leben, sondern essen
Es ist wahr, es ist wahr
Dass die Kühe das Gras
Nicht rauchen, sondern fressen
Es ist wahr, es ist wahr
Dass Hamburg nicht die Hauptstadt
Von McDonald's ist
Es ist wahr, es ist wahr
Dass der Papst zwar die Pille nicht nimmt
Aber trotzdem keine Kinder kriegt

Das ist wahr, das ist wahr
aber sonst, aber sonst
Alles Lüge, alles Lüge, alles Lüge

Selbst wenn du mich fragst
Ob ich dich liebe, und ich sag Ja
Weiß ich manchmal nicht genau
Ist das nun Lüge oder wahr
Weil ich oft gar nicht mehr weiß
Was ist das: Liebe
Liebt der Papa sein Auto
Liebt die Mama den Kaffee
Liebt das Baby seine Windeln
Wie der Weihnachtsmann den Schnee
Lieben Kinder Schokolade
Wie die Hausfrau den Herd

Oder ist da mehr, oder ist da mehr
Oder ist das, oder ist das, oder ist das
Alles Lüge, alles Lüge, alles Lüge

● *Zu ihrer aktivsten Zeit waren Ton Steine Scherben für mich nie ein Thema. Sie machten die Musik, die meine Lehrer hörten, und waren schon deshalb ein absolutes No-Go. Wir hörten Glam-, später Hardrock und schließlich Punk!*

Ich wurde auf sie erst durch Rio Reiser aufmerksam, den die unsägliche NDW ins deutsche Fernsehen schwemmte. »König von Deutschland« lief in »Formel Eins«, und mir gefiel nicht nur der Sound. Besonders mochte ich die ironische Gesellschaftskritik. Auch bei Östro verpack(t)en wir Anklagen gerne in eine gehörige Portion Humor.

Als wir dann viele Jahre später das Angebot erhielten, für einen Rio-/TSS-Sampler eine Coverversion beizusteuern, fühlten wir uns sehr geehrt. Mittlerweile war mir längst die kulturelle und besonders die politische Bedeutung der Band aufgegangen.

Unsere Wahl fiel schnell auf den Song »Alles Lüge«: Die Nummer fetzt, ist in puncto Humor kaum zu schlagen und geht trotzdem tief ins Herz. Könnte von uns sein! ;-)

– Martina Weith (Östro 430)

● *Rio Reiser und Ton Steine Scherben lieferten Mitte der Siebzigerjahre den Soundtrack meiner Jugend: den Telefunken-Plattenspieler auf volle Lautstärke gedreht, das Fenster weit geöffnet und dann noch Rock auf Deutsch, damit es auch das ganze Viertel verstehen konnte: »Keine Macht für Niemand!«*

Liedgut mit deutschen Texten wurde zu dieser Zeit hauptsächlich in der ZDF-Hitparade und in Volksmusiksendungen dargeboten, und Punkrock war noch nicht in Deutschland angekommen. Was blieb mir da schon anderes übrig als Rio Reiser und die Scherben?

Damals hatte ich noch keine Ahnung, dass ich einmal selbst mit meiner Band laute Musik mit (nicht immer wohlgefälligen) deutschen Texten spielen und erst recht nicht, dass fast 50 Jahre später auch ein Song von Rio Reiser dabei sein würde.

1986 auf der ersten Solo-LP von Rio Reiser veröffentlicht, ist der Text zu »Alles Lüge« im Zeitalter der Fake-News, der in den sozialen Medien verbreiteten Verschwörungstheorien und Shitstorms auch heute noch erschreckend aktuell und für die damalige Zeit geradezu hellseherisch. Mit fast kindlichem Humor fragt uns Rio nach der »Wahrheit« und nach »Liebe«, Fragen, auf die bisher weder die großen Philosophen noch TikTok noch wir von Östro 430 eine Antwort gefunden haben.

Aber, lieber Rio, wir werden weiter darüber nachdenken, versprochen!

– Bettina Flörchinger (Östro 430)

● *Wenn ich mich richtig erinnere, lief das Video zu »Alles Lüge« bei »Formel Eins«. Die Band stand in einer kahlen Ecke und spielte, zwischendurch war mal kurz Dieter Hallervorden zu sehen, Rio hatte so was wie eine richtige Frisur, und am Schlagzeug saß eine Frau.*

Ich war fünfzehn, fühlte mich ein bisschen bewegt, weil ich kurz vorher Punk entdeckt hatte, und wusste nicht so richtig, was ich mit Rio Reiser anfangen sollte. NDW oder das, was davon in Frankfurt/Oder ankommen konnte, hatte sich schon längst zu Ende erzählt, und weil der DDR-Underground für meinen Horizont noch zu sehr Underground war, suchte ich inzwischen bei den Hosen und den Neubauten weiter.

Und dann waren da ja auch noch Ton Steine Scherben. Einerseits ein Relikt und quasi Volkslieder, andererseits immer noch wuchtig und wichtig. Wichtig, weil Zeilen wie »Keine Macht für Niemand« oder »Macht kaputt, was euch kaputt macht« auf beiden Seiten der Mauer einfach wahnsinnig gut gealtert sind. Und wuchtig, weil solche Texte nun mal keine Leisetreterei waren. Das war »Alles Lüge« auch nicht, und außerdem schaffte es dieser Song irgendwie, aus der Deutschrock-Kiste zu springen, obwohl so ziemlich alles daran nach Deutschrock klang. Mit Deutschrock wollte ich natürlich nichts zu tun haben, und so schlich ich ratlos um diesen Rio Reiser von 1986 und fragte mich, welche Schublade meines sorgfältig zusammengebauten Systems dafür infrage kommt.

Spätestens bei »Junimond« hätte eigentlich klar sein müssen, was ich erst 14 Jahre später kapiert habe, als ich auf dem Tribute-Album »Die Erben der Scherben – Keine Macht für Niemand« bei »Paul Panzers Blues« trommeln durfte: Das ist Pop.

Was für ein Riesenglück, dass dieses Land einen Popstar wie Rio Reiser hatte.

Lang lebe Rio!

– Gunnar Spies (MIA)

JUNIMOND

1986, LP »Rio I.«

Die Welt schaut rauf
Zu meinem Fenster
Mit müden Augen
Ganz staubig und scheu
Ich bin hier oben
Auf meiner Wolke
Ich seh dich kommen
Aber du gehst vorbei

Doch jetzt tut's nicht mehr weh
Nee, jetzt tut's nicht mehr weh
Und alles bleibt stumm
Und kein Sturm kommt auf
Wenn ich dich seh
Es ist vorbei
Bye, bye, Junimond
Es ist vorbei
Es ist vorbei
Bye, bye

Zweitausend Stunden
Hab ich gewartet
Ich hab sie alle gezählt
Und verflucht
Ich hab getrunken
Geraucht und gebetet
Hab dich flussauf-
Und flussabwärts gesucht

Doch jetzt tut's nicht mehr weh
Nee, jetzt tut's nicht mehr weh
Und alles bleibt stumm
Und kein Sturm kommt auf
Wenn ich dich seh
Es ist vorbei
Bye, bye, Junimond
Es ist vorbei
Es ist vorbei
Bye, bye

Rio Reiser war ein Vorbild, ein Leitfaden – ein Guide – auf dem Weg in die Kunst und gerade in einem verlorenen Leben eines jungen Menschen. Eines jungen queeren Menschen.

»Junimond« erreichte mich zuerst als Coverversion, bis ich beim Original landete, und dies war ein toller Moment. Wenn man Generationen mit Musik verbindet, etwas Geschaffenes aufleben lässt und beim Ausgraben wahre Schätze findet.

Dass dieser Held auch noch schwul war, gab mir mehr als jeder Vollmond im Juni. Von der Liebe zu singen, die ich bis dato nicht erlebt hatte oder zumindest nicht für möglich gehalten habe. Das gab Hoffnung.

Ich höre Musik und verfalle in die Poesie, so wie auch jetzt.

Während ich dem Lied lausche, schreibe ich meine Gedanken auf – vom Wandern auf den Wolken und in die lauen Sommernächte, in denen ich verloren neben der Liebe stand.

Danke, Rio.
Meine Gardinen sind geschlossen aber alle stehen vor meinem Fenster,
als würden sie warten, auf mich.
Alle müden Augen haben lange nicht diese Liebe gesehen.
Aber ich sitze auf meiner Wolke und warte nur auf dich.

Dich vorbeilaufen zu sehen tut – vieles.

Wie eine Reise zu mir selbst und doch meilenweit daneben,
so etwas soll es geben – mehr als einmal im Leben?

Wie kann etwas vorbei sein, dass gerade erst begann?
Wie soll ich dies noch einmal ertragen im Leben?
So viele Stunden habe ich nicht noch einmal zu geben und doch
würde ich es immer und immer wieder für dich tun.

Es wäre nur schöner, würdest du dies mit mir tun.

Der große volle Mond, diese helle Hoffnung, die in mir wohnt.
Der laue Sommerabend lehnt sich an meine Haut und ich wünschte, du wärst da.
Alles bleibt stumm, ich lasse mich fallen in deine Arme, immer und immer wieder.
Vielleicht vergesse ich mich, für dich?

Mehr als 2000 Stunden, ohne zu übertreiben, habe ich auf dich gewartet und würde noch weitere warten,
denn endlich tut es nicht mehr weh.

Der Mond kam nicht, auf den alle gewartet haben, ich verfluche den Sommer und warte auf den Winter.

Für immer, nur dich.
Nur ohne mich.

– Brix Schaumburg

LASS MICH LOS

1986, LP »Rio I.«

Lass mich los, lass mich los
Ich will nicht, dass ich bin
Wie du willst, dass ich bin
Drum lass mich los

Lass mich los, lass mich los
Du hältst mich zu fest
Ich bleib nur, wenn du mich lässt
Drum lass mich los

Lass mich frei, lass mich frei
Mir geht's gut, wenn ich bin
Wie ich bin, bin ich gut
Ach, lass mich frei

Lass mich raus, lass mich raus
Lass mich raus, rauf aufs Deck
Denn ich lauf dir ja nicht weg
Lass mich raus

Ich will mit dir über jeden Schatten springen
Dir jeden Abend ein Wiegenlied singen
Ich schwimm mit dir durch jedes Meer
Geb meinen letzten Pfennig her
Doch lass mich los, bitte, bitte lass mich los

Lass mich los, lass mich los
Bitte sperr mich nicht ein
Lieber bin ich allein
Lass mich los

Lass mich los, lass mich los,
Ich will fliegen
Drum halt mich nicht fest
Lass mich los, lass mich los

Ich will mich dir gern zu Kopf und Füßen legen
Ich werde dich nie fragen, mit wem und weswegen
Ich steig mit dir auf den Mount Everest
Aber bitte, bitte halt mich nicht fest
Ach lass mich los, bitte, bitte lass mich los

KÖNIG VON DEUTSCHLAND

1986, LP »Rio I.«

Jede Nacht um halb eins, wenn das Fernsehen rauscht
Leg ich mich aufs Bett und mal mir aus
Wie es wäre, wenn ich nicht der wäre, der ich bin
Sondern Kanzler, Kaiser, König oder Königin
Ich denk mir, was der Kohl da kann, das kann ich auch
Ich würd Vivaldi hören tagein, tagaus
Ich käm viel rum, würd nach USA reisen
Ronny mal wie Waldi in die Waden beißen

Das alles und noch viel mehr
Würd ich machen
Wenn ich König von Deutschland wär
Das alles und noch viel mehr
Würd ich machen
Wenn ich König von Deutschland wär

Ich würd die Krone täglich wechseln, würde zweimal baden
Würd die Lottozahlen eine Woche vorher sagen
Bei der Bundeswehr gäb es nur noch Hitparaden
Ich würd jeden Tag im Jahr Geburtstag haben
Im Fernsehen gäb es nur noch ein Programm
Robert Lembke vierundzwanzig Stunden lang
Ich hätte zweihundert Schlösser und wäre nie mehr pleite
Ich wär Rio der Erste, Sissi die Zweite

Das alles und noch viel mehr
Würd ich machen
Wenn ich König von Deutschland wär
Das alles und noch viel mehr
Würd ich machen
Wenn ich König von Deutschland wär

Die Socken und die Autos dürften nicht mehr stinken
Ich würd jeden Morgen erst mal ein Glas Schampus trinken
Ich wär schicker als der Schmidt und dicker als der Strauß
Und meine Platten kämen ganz groß raus
Reinhard Mey wäre des Königs Barde
Paola und Kurt Felix wären Schweizer Garde
Vorher würd ich gerne wissen, ob sie Spaß verstehen
Sie müssten achtundvierzig Stunden ihre Show ansehen

Das alles und noch viel mehr
Würd ich machen
Wenn ich König von Deutschland wär
Das alles und noch viel mehr
Würd ich machen
Wenn ich König von Deutschland wär

● *Leider habe ich Rio Reiser nicht persönlich kennengelernt, wir tauschten nur einmal kurz ein Lächeln auf einem Studioflur. Ich war von seinem Enthusiasmus, seiner Leidenschaft, seiner Haltung, seiner kraftvollen Stimme, ja, auch von seinem Humor beeindruckt. Ich freue mich noch heute, und inzwischen mit mir auch mein Enkel, dass mich König Rio gern als Barden an seinem Hof gehabt hätte. Nach einem langen Arbeitstag hätten wir bestimmt auch mal zusammengesessen, den goldenen Becher geleert und musiziert, der König und sein Barde, schade, dass er so jung gehen musste. Ich hoffe, dass er es da, wo er jetzt ist, gut hat.*

– Reinhard Mey

● Ich weiß noch, dass ich fand, dass das Lied modern ist. Dieser neue Klang von Synthesizern und diese Orgeltöne im Refrain, die nur von Computern stammen können, waren für mich wirklich das Versprechen, dass in der Zukunft noch etwas Schönes auf einen warten würde, aber es kamen nur Privatfernsehen, Telefonkarten und Internet.

Es war die große Zeit von – halten Sie Ihr Gehirn fest – Rondò Veneziano, und genau deswegen ist der Anfang von »König von Deutschland« so komponiert, wie er eben komponiert ist. Das stimmt vielleicht nicht, aber es bringt Spaß, das zu behaupten, und ich konnte mal wieder über Rondò Veneziano nachdenken. Mir reicht das. Put the Rock back into Barock.

»Jede Nacht um halb eins, wenn das Fernsehen rauscht …« Mit meiner Jugendgang, den »Kings of Violence«, saß ich manchmal nach Sendeschluss vor dem TV-Gerät, weil irgendjemand von uns »Ameisenkrieg – Schwarze gegen die Weißen« geschrien hatte, und dann starrten wir zu dritt auf das Rauschen im Röhrenfernseher, und Sie können sich vorstellen, was es mit einem Gehirn macht, wenn man eine halbe Stunde hochkonzentriert auf einen rauschenden TV-Bildschirm schaut. Früher war wirklich alles besser.

Das Video zu dem Song spielt in Ostdeutschland, also in Kreuzberg, handelt aber von Westdeutschland. Das ist ja im Nachhinein auch schon wieder total verrückt. Eine Schlagzeugerin spielt Schlagzeug in einer hellen, schönen, großen Küche. Heutzutage hätte sie in Berlin eine kleine, dunkle, vermoderte Küche, in der auch noch das Schlafzimmer ist.

Rio Reiser scharwenzelt in der Sonne unter den Schienensträngen der U1, das ist die grüne, wenn ich das richtig sehe, zwischen dem Schlesischen Tor und dem Görlitzer Park und singt die erste Strophe seines Liedes. Heute würde er da gar nicht mehr durchkommen, weil dort seit acht Jahren gebaut wird und in Zelten Dutzende Menschen ihr Dasein fristen. Und neben Obdachlosen zu singen, dafür wäre Rio Reiser bestimmt zu feinfühlig gewesen.

Neulich stand ich in derselben Gegend im Stau. Da, wo Rio durch die Gegend lief, ist ein Bauzaun, an dem ein Plakat davon kündet, was dort passieren soll. Begrünung der Flächen, eine Radbahn wird gebaut, Kinderspielplätze und Begegnungszonen sollen entstehen. Ich schicke einem Freund ein Foto davon, und er schreibt zurück: »Haha! Machen wir so!«

Die Band spielt den ersten Refrain vor dem Bethanien am Mariannenplatz. Das Wetter ist gut und die Grünfläche bis auf die Band leer. Heutzutage wären im Hintergrund 840 Expats mit selbst gemachten Tattoos, die denken, dass sie ein Geschenk für die Stadt sind, und deren Wohnungen die Eltern bezahlen und die extrovertiert unhöflich in Cafés und Kneipen bestellen oder arbeiten. Ein ganzes halbes Land in einem Song erzählt. Das muss man erst mal schaffen. Born in der BRD.

Heute verblasst der Anti-Reagan-Spruch an den Yorckbrücken langsam, ist aber immer noch zu erkennen, wenn man sich dafür interessiert, wie die Zeit vergeht. Ich tue das.

»Ich denk mir, was der Kohl da kann, das kann ich auch / Ich würd Vivaldi hören, tagein, tagaus / Ich käm viel rum, würd nach USA reisen / Ronny mal wie Waldi in die Waden beißen.«

Und ich weiß noch, wie unfassbar cool ich das fand, dass jemand »USA« auf Amerikanisch ausspricht. So cool wollte ich auch irgendwann mal sein. Und das Wortspiel mit »Vivaldi« und »wie Waldi« habe ich heute Morgen erst verstanden, als ich den Text von »König von Deutschland« nochmal las. Ich habe immer gedacht, dass Ronald Reagan durch die Macht der Musik zu einem besseren Politiker wird.

– Thees Uhlmann (Tomte)

BIS ANS ENDE DER WELT

1987, LP »Blinder Passagier«

Es ist kein Platz für uns auf der Erde
Kein Platz unterm Himmelszelt
Kein Platz für uns in den Sternen
Und kein Platz am Ende der Welt

Kein Platz für uns im Garten Eden
Kein Platz in der Unterwelt
Kein Platz für uns im Paradies
Und kein Platz bis ans Ende der Welt

Wer wird uns schützen
Wenn der Sturm aufkommt
Wenn der große Regen fällt
Und wir warten und warten
Bis ans Ende der Welt

Kein Platz für uns in den Bergen
Kein Platz für uns auf dem Feld
Kein Platz für uns auf dem Ozean
Und kein Platz bis ans Ende der Welt

Kein Platz für uns in der Sonne
Kein Platz, wohin der Schatten fällt
Kein Platz für uns in keinem Land
Und kein Platz am Ende der Welt

Es gibt keinen Platz um schöne Worte
Kein Platz um Gut und Geld
Kein Platz für uns um Bitten und Betteln
Und kein Platz am Ende der Welt

Wer wird uns schützen
Wenn der Sturm aufkommt
Wenn der große Regen fällt
Und wir warten und warten
Bis ans Ende der Welt

Es ist kein Platz für uns in der Wüste
Kein Schloss, kein Haus, kein Zelt
Kein Platz für uns in den Wäldern
Und kein Platz am Ende der Welt

Kein Platz für uns, kein Platz für uns
Kein Platz, wo uns niemand quält
Kein Platz für uns, kein Platz für uns
Kein Platz bis ans Ende der Welt

MANAGER

1987, LP »Blinder Passagier«

Es ist Abend, und ich bin ganz allein zu Haus. Früher konnt ich abends nicht einschlafen, weil mich die Sorgen des nächsten Tages so bedrückten. Aber jetzt ist jemand da, der alle großen und kleinen Probleme für mich löst. Und ihm sing ich dieses Lied.

Rat mal, wer mich morgens pünktlich weckt
Mir immer mal 'nen Schein zusteckt
Wer das Frühstück macht und ans Bett mir bringt
Wer mir immer die neuesten Hits vorsingt
Rat mal, wer für mich bei der Arbeit schwitzt
Und rat mal, wer mich vorm bösen Wolf beschützt
Rat mal, wer für mich telefoniert
Rat mal, wer mir mein Mofa frisiert
Rat mal wer, rat mal wer
Mein Manager, mein Manager

Mein Manager erledigt das für mich
Ich hab 'n Manager, 'n Manager
Mein Manager erledigt das für mich
Frag meinen Manager, mein Manager

Einer, der aufpasst, dass ich nicht so viel rauche
Und nicht sofort mein Taschengeld versaufe
Einer, der für mich in die Zukunft schaut
Einer, der all die bösen Jungs verhaut
Einer, der weiß, was Thomas anders macht
Einer, der weiß, wann das Bargeld lacht
Und ist irgendwas falsch auf dieser Welt
Irgendwas, das mir überhaupt nicht gefällt
Und ich weiß nicht ein, und ich weiß nicht raus
Wer zieht mir glatt die Schuhe aus

Mein Manager erledigt das für mich
Ich hab 'n Manager, 'n Manager
Mein Manager erledigt das für mich
Frag meinen Manager, mein Manager

Und alles, was dann noch zu fragen bleibt
Ist, rat mal, wer wohl so 'ne Texte schreibt

Mein Manager erledigt das für mich
Ich hab 'n Manager, 'n Manager
Mein Manager erledigt das für mich
Frag meinen Manager, mein Manager

● *Im Alter von 15 Jahren fiel mir auf, dass die Welt, sogar in Hannover, wo ich aufgewachsen bin, größer und vielfältiger ist, als alles, was mir Schule und Elternhaus bislang gezeigt hatten. Doch sofort bekam ich das Gefühl, dass alles schon längst gelaufen war: Die Studentenbewegung war nur noch ein Witz über die alten 68er. Die Frauengruppen hatten ihre Spekula, mit denen sie ihre Vaginen erforscht hatten, wieder eingepackt. Und als ich schließlich das UJZ Kornstraße entdeckte, schwärmten alle vom Konzert, das Ton Steine Scherben dort vor bereits drei Jahren gegeben hatten. Noch besser: Bei ihrem ersten Konzert in Hannover im Audimax hatten sie dazu aufgefordert, im Anschluss gemeinsam loszuziehen und ein Haus zu besetzen. So kam es zur ersten Hausbesetzung in Hannover. Doch das war alles schon vorbei. Ich war mal wieder zu spät. Trotzdem hatte die Musik von Ton Steine Scherben nichts von ihrer Kraft und Bedeutung für mich verloren. Sie lief in der Wohngemeinschaft, in der ich abhing, wenn ich Schule schwänzte.*

*Wir skandierten »Keine Macht für Niemand« auf den Demos gegen Atomkraftwerke. Wir sangen »Halt dich an deiner Liebe fest« vor Gefängnismauern, in denen Atomkraftgegner*innen eingesperrt waren. Immer mit dem Gefühl, dass die Kraft, die in diesen Liedern steckt, tatsächlich in der Lage ist, Dinge zu verändern. Mauern zu sprengen. Menschen zu befreien. Und das nicht nur aus räumlichen Gefängnissen, sondern auch aus gefühlten. Rio Reisers Fähigkeit, politische Forderungen zu formulieren und gleichzeitig tiefste Gefühle und Sehnsüchte auszudrücken, haben mich als Sängerin und Texterin ermutigt. Es tut gut, über Einsamkeit zu singen, Ängste offenzulegen, selbst im Punkrock. 1981 schrieb ich einen Song, »Manager«. Unseren einzigen Reggae. Er handelt von Zukunftsängsten, und meine Lösung ist, Managerin zu werden, weil ich ja doch ziemlich viel kann.*

1987 schrieb Rio Reiser einen Song, einen Reggae, »Manager«. Aber er kommt zu einer ganz anderen Lösung als ich: Statt sich weiter Sorgen zu machen, wünscht sich Rio Reiser einen Manager. Jemand, der allen Scheiß für ihn erledigt und sich um ihn kümmert. Wie immer ist der Text nicht nur ernst, sondern auch selbstironisch. Ich mag ihn, weil er auf ganz leichte Art viel über Rio Reiser preisgibt. Seine Wünsche und Schwächen. Außerdem möchte ich natürlich auch wissen, wer ist dieser Thomas, und was macht er anders? Oder kalauert sich hier jemand durch die Popgeschichte?

Wäre doch lustig gewesen, Rio Reiser hätte meinen Song gekannt und mich engagiert. Ich hätte ihn gern kennengelernt und ihm den Kakao morgens ans Bett gebracht.

– Annette Simons
(Bärchen und die Milchbubis)

DER SOMMER KOMMT

1987, LP »Blinder Passagier«

Es hat aufgehört zu regnen
Die Welt ist wieder da
Die Wolken ziehen
Die Luft ist klar
Ein Vogel singt
Ein neuer Mond
Die erste Grille
Der Sommer kommt

Es hat aufgehört zu regnen
Der Himmel schweigt
Der Tag geht schlafen
Der Nebel steigt
Ein Stern verglüht
Am Horizont
Der Frühling geht
Der Sommer kommt

Es hat aufgehört zu regnen
Die Welt ist nass
Eine Kirschbaumblüte
Liegt im Gras
Ein Vogel singt
Und fliegt davon
Du bist gegangen
Der Sommer kommt

BLINDER PASSAGIER

1987, LP »Blinder Passagier«

Blinder Passagier
Das Ziel unsrer Reise
Ist nicht weit von hier

37 Tage auf hoher See
Zwischen Jedermanns-
Und Niemandsland
Und ewigem Schnee
Wir haben genug zu essen
Genug Schnaps und Brot
Doch die Mannschaft ist müde
Und der Steuermann tot

Und niemand weiß genau
Wohin die Reise geht
Jeder weiß, dass alles
In den Sternen steht
Doch die Sterne leuchten
Schon seit Tagen nicht mehr
Nur der Käpt'n strahlt
Doch der Himmel bleibt leer

Blinder Passagier
Ich weiß, was ich weiß
Doch ich sag's nur dir
Blinder Passagier
Das Ziel unsrer Reise
Ist nicht weit von hier

Das Ruder ist gebrochen
Und keiner weiß
Ob ein Funker an Bord ist
Wie der Notruf heißt
War's nicht SDI
Oder CIA
Oder Save Our Money
Oder USA

Ist jetzt alles zu früh
Oder alles zu spät
Und niemand weiß
Wohin der Wind uns weht
Bringt uns dieser Dampfer
Übern großen Teich
Oder saufen wir ab
Und sterben gleich

Blinder Passagier
Ich weiß, was ich weiß
Doch ich sag's nur dir
Blinder Passagier
Das Ziel unsrer Reise
Ist nicht weit von hier

Und backbord, backbord
Ist 'n Riesenleck
Und der Obermaat weiß es
Doch es schert ihn 'n Dreck
Und niemand schreit
»Macht die Boote klar!«
Es ist ja nur eins
Für den Käpt'n da

Die Ratten, die hatten
Einst alles im Griff
Doch die Ratten verlassen
Das sinkende Schiff
Und es dauert nicht mehr
lang
Und es ist alles vorbei
Doch niemand denkt
Hier an Meuterei

Blinder Passagier
Das Ziel unsrer Reise
Ist nicht weit von hier

GIB MIR WAS AB

1987, LP »Blinder Passagier«

Eddi sagt, das »Golden Inn« gehört jetzt dir
Eddi sagt, du fragst jetzt öfter mal nach mir
Eddi sagt, deine Rolex ist jetzt endlich echt
Eddi sagt, der Deal mit Mirko war nicht mal so schlecht
Eddi sagt, du trägst jetzt Beatles-Boots und Samt-Jacketts
Eddi sagt, dass du noch immer die Connection hättest

Gib mir was ab, ich könnt auch mal etwas Kies gebrauchen
Gib mir was ab, ich möcht auch mal 'ne Davidoff rauchen
Gib mir was ab, ich möcht auch mal in der Südsee tauchen
Gib mir was ab, gib mir was ab, gib mir was ab

Eddi sagt, du fährst 'n 500er SEL
Eddi sagt, du hast auf Ibiza schon zwei Hotels
Eddi sagt, dein Apartment soll ganz gut aussehen
Eddi sagt, dass deine Frauen auf der Straße stehen
Eddi sagt, du fährst jetzt nicht mehr selbst nach Amsterdam
Eddi sagt, dass du trotzdem davon leben kannst

Gib mir was ab, ich könnt auch mal etwas Kies gebrauchen
Gib mir was ab, ich möcht auch mal 'ne Davidoff rauchen
Gib mir was ab, ich möcht auch mal in der Südsee tauchen
Gib mir was ab, gib mir was ab, gib mir was ab

Eddi sagt, du hast die alten Freunde nicht vergessen
Eddi sagt, du fährst jetzt öfter mal ins Elsass essen
Eddi sagt, du kaufst dir auch schon mal Chopin und Liszt
Eddi sagt, du weißt jetzt endlich, was Art déco ist
Eddi sagt, du nimmst selbst keine Drogen mehr
Eddi sagt, deine Konten sind millionenschwer

Gib mir was ab, ich könnt auch mal etwas Kies gebrauchen
Gib mir was ab, ich möcht auch mal 'ne Davidoff rauchen
Gib mir was ab, ich möcht auch mal in der Südsee tauchen
Gib mir was ab, gib mir was ab, gib mir was ab

STILLER RAUM

1987, LP »Blinder Passagier«

Stiller Raum
Stille Nacht
Alles schläft
Ich bin wach

Ich weiß, wo du bist
Und du weißt, dass ich es weiß
Ich wollte es nicht anders
Und ich kannte den Preis

Drei Worte zu wenig
Und ein Wort zu viel
Ein giftiger Pfeil
Traf mitten ins Ziel

Ein kalter Blick
Und wir wurden zu Stein
Jetzt bin ich frei
Und wieder allein

Stiller Raum
Stille Nacht
Alles schläft
Ich bin wach

Ich hab dich gerufen
Hast du mich gehört
Ist noch Glut in der Asche
Vielleicht sogar noch mehr

Die Welt dreht sich weiter
Für dich und für mich
Nur wo heute Nacht Schatten sind
War gestern noch Licht

Stiller Raum
Stille Nacht
Alles schläft
Ich bin wach

*• Mein Kollege und ich liegen auf dem Bühnenboden des Hamburger Schauspielhauses. Es ist Abend, eher schon Nacht. Die Vorstellung ist längst beendet. Zuschauer*innen, Schauspieler*innen, Techniker*innen sind alle längst zu Hause. Stille Nacht. Stiller Raum. Hier liegen wir, weil wir verabredet sind. Mit Jan Plewka und seiner Band. Es soll eine Probe sein, bei der sie uns zwei, drei Songs vorspielen, um danach zu entscheiden, ob wir gemeinsam einen Rio-Reiser-Abend produzieren wollen.*

Jan ist hierfür instinktiv in den Schnürboden gestiegen – der Raum weit oben über der Bühne, wo die Scheinwerfer und Kulissen hängen – und fängt an zu singen: Stiller Raum. Stille Nacht. Alles schläft. Ich bin wach. A cappella singt er dieses Lied, das mit zu meinen liebsten zählt. Gänsehaut. Rios Komposition und Jans Stimme finden an diesem besonderen Ort so perfekt zusammen, dass es keine Frage mehr ist, einen Rio-Abend mit dieser Band und mit Jan Plewka zu machen.

Aber vielleicht muss ich die Geschichte von vorne erzählen. Es war schon lange mein Wunsch, diesem Ausnahmekünstler Rio Reiser, seinen Texten, seiner politischen Haltung und natürlich seiner Musik einen Abend zu widmen. Die beiden CDs »Rio am Klavier« inklusive Marlene Dietrich haben es mir besonders angetan, und eines Tages, ich schätze mal, es war 2004, steht ein von mir sehr geschätzter Gitarrist in meinem Büro. »Ich habe jemanden, den du treffen musst«, sagt er. Er sei der Einzige, der Rio verstehen und gleichzeitig interpretieren könne. Also traf ich den Sänger der Band Selig, Jan Plewka. Wir waren Seelenverwandte von Anfang an. Aber ob er nun auch Rio singen könnte, wusste ich nicht. Und so kam es zu dem Deal. Jan, der Gitarrist und zwei weitere Musiker sollten drei Songs erarbeiten, die wir dann einige Wochen später auf der Bühne hören wollten. Die einzige Bedingung war es, dass ein A-cappella-Song dabei ist.

Wir haben den Abend, der dann den Titel »Jan Plewka singt Rio Reiser« trug, bis heute über 250-mal gespielt. Zur Premiere am Hamburger Schauspielhaus hatte sich fast die gesamte

Reiser- und Scherben-Familie angekündigt. Unsere Nerven lagen blank.

Wir spielten für Rio, seine Poesie, und wir spielten um die Zukunft dieses Abends. Nach dem Applaus standen die »Rios« backstage, sie umarmten Jan und gaben uns den »Segen« für alles, was danach kam. Danach kamen mehr als 20 Jahre, in denen dieser Abend Tausende Zuschauer begeisterte. Und dann kamen Jan und seine Musiker und baten mich, einen zweiten Teil zu produzieren. Ich zögerte. Ist noch Glut in der Asche? Vielleicht sogar noch mehr? Das, was mich am Ende wieder packte, faszinierte und überzeugte, waren Rios Texte, die so heutig, so aktuell und politisch sind. Ich las sie wie einen Kommentar zum Klimawandel, zum Untergang der Zivilisation, zu heutigen politischen und gesellschaftlichen Debatten. Wann, wenn nicht jetzt, ja wann denn dann?! »Rio 2« war geboren. Auch dieser Abend tourt seit vielen Jahren, und an Feiertagen spielen wir sogar beide Sets an einem Abend. Das Publikum liebt sie, egal, ob wir auf Theaterbühnen oder in Konzerthallen spielen. Eines aber bleibt immer: ein stiller Raum zu Beginn eines jeden Konzerts. Stille Nacht. Und dann wird's laut, wenn Ton und Steine und Scherben dazukommen. Rios Songs sind zeitlos, und Jan und die Band feiern ihn und seine Musik seit über 20 Jahren. Und wenn wir nicht gestorben sein werden, dann tun wir – und der wunderbare Jan Plewka vorneweg – das noch viele Jahre. Alles schläft. Ich bin wach.

– Tom Stromberg

LASS MICH SCHLAFEN

1987, LP »Blinder Passagier«

Lass mich schlafen
Lass mich ruhen
Ich bin müde
Und hab nichts zu tun
Die Welt soll warten
Bis ich komm
Ich bin hier
In meinem Dschungelbuch
Ich lauf ja nicht davon

Sieben wilde Löwen
Und ein kleines Schaf
Lassen niemand zu mir
Der nicht zu mir darf
Simsalamander
Simsalabim
Ich kann wieder zaubern
Rat mal, wo ich jetzt bin

NORMAL

1987, LP »Blinder Passagier«

Ich bin normal wie du und ich
Weiß, was ich tun darf und was nicht
Ich mach alles, was man mir sagt
Ich hab noch nie warum gefragt
Ich führe alles pünktlich aus
Ich komme nie zu spät nach Haus

Ich habe nie schlimme Gedanken
Ich weis mich selbst in meine Schranken
Hab viel zu tun und nichts zu sagen
Ich hab's am Herz und hab's am Magen
Ich hab zwei Kinder und 'ne Frau
Fahr nie bei Rot, mach selten blau

Ich bin normal
Frag mich nicht, wie
Von Kopf bis Fuß
Made in Germany

Ich bin normal wie du und ich
Ich komm in den Himmel oder nicht
Ich hab nie allzu oft gelogen
Kaum einen übern Tisch gezogen
Ich nehm kein Rauschgift, geh nie fremd
Ich hab immer ’n weißes Hemd

Ich bin normal
Frag mich nicht, wie
Von Kopf bis Fuß
Made in Germany

Ich hab immer ’nen weißen Kragen
Ich stelle niemals falsche Fragen
Ich bin ganz schlau, ich stell mich dumm
Mach gerne meinen Rücken krumm
Ich gehe nicht mit jeder Mode
Ich mache alles mit Methode

Ich bin normal
Frag mich nicht, wie
Von Kopf bis Fuß
Made in Germany

WANN?

1987, LP »Blinder Passagier«

Du sagst, du willst die Welt nicht ändern
Und ich frag mich, wie machst du das nur
Du bist doch kein Geist in der Flasche
Und du bist auch kein Loch in der Natur
Denn nach jedem Schritt, den du gehst
Und nach jedem Wort, das du sagt
Und nach jedem Bissen, den du isst
Ist die Welt anders, als sie vorher war
Wann, wenn nicht jetzt
Wo, wenn nicht hier
Wie, wenn ohne Liebe
Wer, wenn nicht wir

Du sagst, du willst die Welt nicht retten
Das ist dir alles 'ne Nummer zu groß
Und die Weltenretter waren schon so oft da
Nur die meisten verschlimmbessern bloß
Und doch fragt mich jeder neue Tag
Auf welcher Seite ich steh
Und ich schaff's einfach nicht, einfach zuzusehen
Wie alles den Berg runtergeht
Wann, wenn nicht jetzt
Wo, wenn nicht hier
Wie, wenn ohne Liebe
Wer, wenn nicht wir

Du sagst, du willst die Welt nicht ändern
Dann tun's eben andere für dich
Und der Wald, in dem du vor Jahren noch gespielt hast
Hat plötzlich ein steinernes Gesicht
Und die Wiese, auf der du gerade noch liegst
Ist morgen 'ne Autobahn
Und wenn du jemals wieder zurückkommst
Fängt alles wieder von vorne an
Wann, wenn nicht jetzt
Wo, wenn nicht hier
Wie, wenn ohne Liebe
Wer, wenn nicht wir

Vom Glück, Rio dreimal begegnet zu sein.

*1994 fasste ich mir ein Herz und ging auf der Echo-Aftershow-Party – ja, damals gewannen jedes Jahr dieselben Künstler*innen, aber wir anderen nahmen die Sache nicht so ernst und hatten unseren Spaß – einfach auf ihn zu. Er stand abseits des Trubels, im Gespräch, an die Wand gelehnt. Ich wollte nicht groß stören, sprach meine Bewunderung aus und trippelte aufgeregt weiter, da rief er lachend hinterher: »Ich weiß, welche Musik ihr gehört habt.« Rio wusste um seinen Einfluss auf die jungen Sänger*innen, die da nachkamen.*

Das zweite Mal war beim Konzert »Abschied von Rio«, Spätsommer 96 im Tempodrom Berlin. Ulla Meinecke hatte vorgeschlagen, dass auch ich an dem Abend eines seiner Lieder singe. Viele Songs waren vorab für die großen Namen reserviert, und als ich sah, dass »Wann?« noch frei war, griff ich schnell zu. Um später vom Bühnenrand aus Blixa Bargeld und Marianne Rosenberg zu erleben, so weit reichten Rios Flügel.

Die dritte Begegnung fand 2005 in Fresenhagen statt. Ich war eingeladen, ein Solokonzert zu spielen und auf dem Hof zu übernachten. Am nächsten Morgen führte mich ein Vertrauter Rios zum Grab im Garten und durch das Arbeitszimmer, das unangetastet geblieben war. Der Schreibtisch, das Bücherregal, der Blick aus dem Fenster – es war, als wäre er nur kurz in die Küche, sich einen Tee kochen.

*Heutzutage doziere ich manchmal Songwriting vor jungen Musiker*innen. Die Live-Version von »Für immer und dich« auf YouTube kennen sie alle. Die Kids haben ein ganz gutes Gespür dafür, ob sich jemand die Seele aus dem Leib singt und wer die Straße kennt. Rios Einfluss auf die junge Generation hält bis heute an.*

– Niels Frevert

ÜBERS MEER

1987, LP »Blinder Passagier«

Tag für Tag weht an uns vorbei
Bringt das Boot in den Wind
Und ein Kuss und ein Tag im Mai
Sei nicht traurig, mein Kind
So viele Jahre und so viele Sterne ist es wohl her
Seit wir draußen sind auf dem Meer

Sonnenblumen und Löwenzahn
Hab ich lang nicht gesehen
Nur die Wellen des Ozeans
Und so viel ist geschehen
Wie viele Himmel und wie viele Länder ist es wohl her
Seit wir draußen sind auf dem Meer

Sing ein Lied für den Ozean
Sing ein Lied übers Meer
Und ich singe ein Lied für dich
Wird das Herz mir auch schwer
So viele Tage und so viele Stürme müssen vergehen
Doch wir werden uns wiedersehen

● *Es muss im Herbst 1987 gewesen sein, Rio und seine neue Band hatten einen ausverkauften Auftritt im Berlin-Schöneberger Metropol. Ich verabredete mich mit einem alten Kumpel und meiner Tante Lollo, der Schwester meines Vaters. Der Saal war völlig überfüllt, ich stand mit meinen Mitbesuchern ja nur auf der Gästeliste, und auf dieser stehen so gut wie nie Platzreservierungen.*

Wir drei bahnten uns also einen Weg bis zu einer Stelle, von der man wenigstens Teile der Band überhaupt hätte sehen können. Aber meine Tante Lollo wollte ja nicht den Schlagzeuger Toni Nissl sehen, sondern ihren berühmten Neffen Ralph Möbius, in familienfremden Kreisen besser bekannt als Rio Reiser. Für meine Tante war die Lautstärke, die in ihren 79 Jahre alten Ohren mit Rios erstem Song »Alles Lüge« in ihrem noch immer sensiblen Gehörgang ankam, gelinde ausgedrückt, eine starke Bewährungsprobe. Aber sie war ja eine echte Preußin, eine, die zwei Weltkriege überstanden hatte. Ihr erst kürzlich verstorbener Mann Robert war im Hitlerkrieg ein guter Abnehmer aus den eroberten Weinfässern von Paris bis Bordeaux.

Diese Weinfreundschaft machte bei ihm auch nicht nach Kriegsende halt. Aber er war ja Beamter und arbeitete im Berlin-Moabiter Knast als Wärter, und er und seine Frau Lollo wohnten direkt neben dieser in Berlin in bestimmten Kreisen nicht sehr beliebten Institution. Eines Tages, fragt mich nicht, weshalb, wieso, warum, landete der noch immer verbeamtete Robert in der Spandauer Abrechnungsstelle für Hundesteuer. Nach seiner Pensionierung versuchte meine Tante, gelernte Krankenschwester, alles, um ihrem geliebten Mann nach seiner Pensionierung sein Leben zu verlängern. Da gab es dann ganz klare Ansagen: morgens um zehn einen Korn, mittags um zwölf ein Schultheiss, nachmittags eine Zigarre und einen Korn. Abends zum Schlafen nochmal einen zimmerwarmen deutschen Weinbrand. Und dann aber 21.30 Uhr Ende mit lustig und gute Nacht. Licht aus.

Soweit zur Vorgeschichte: Dieser Onkel Robert verstarb trotz des strengen Regelwerks seiner Ehefrau friedlich in ihrem Ehebett 1986 an Herzversagen. Sein Wunsch war eine Bestattung

Rio mit seiner Tante Lollo

im nordischen Meer. Und das hat Lollo dann auch professionell in die Wege geleitet. Ich war mit meiner Familie in dieser Zeit in Italien, und wir konnten an dieser Trauerfeier leider nicht teilnehmen. Aber ihr Ralph (Rio) war dabei. Der Song »Übers Meer« war sein Trauersong.

Aber jetzt nochmal zurück ins Metropol. Wir versuchten mit aller Energie, wenigstens einen Platz für Lollo zu finden, auf dem sie ihren Neffen zu sehen bekommt. Mein Freund hatte da eine geniale Idee, er holte sich zwei leere Bierkästen, und wir versuchten dann zu zweit, diese Witwe auf diese wacklige

Plattform heraufzuheben – es ist uns Gott sei Dank gelungen. Rechts und links wurde sie von uns an ihren vor Aufregung warmen Händen festgehalten.

Und dann, etwa in der Mitte des Konzerts, sang Rio allein am Flügel »Übers Meer«, das Lied, das er mit Herzblut für ihren Robert geschrieben hatte. Lollo wusste das, und jetzt brach sie auf den leeren Schultheisskästen stehend beim Anhören dieses Songs in Tränen aus, sie weinte wie ein Schlosshund. Ich wusste damals noch nicht, wie ein Schlosshund weint, an diesem Abend im Metropol habe ich den Schlosshund kennengelernt.

Ich holte ihr ein Schultheiss, und die, die so gut wie nie Alkohol konsumierte, trank es nach dem Song in einem Zug aus. In Gedenken an ihren vor einem Jahr verstorbenen geliebten Robert.

– Gert C. Möbius

● *Meine erste »Begegnung« mit Rio Reiser fand in den frühen Neunzigerjahren statt. Seine ultrasympathischen Nichten besuchten meine Vorstellung im BKA, der Berliner Kabarett Anstalt, in Kreuzberg, wo ich damals als »Zarah ohne Kleid« Erfolge feierte. Nach der Show kam ich mit den beiden Mädchen ins Gespräch, und sie erzählten mir mit leuchtenden Augen, dass ihr Onkel Rio ein großer Bewunderer von mir und meinen Interpretationen sei. Ich war überrascht ob seiner Wahrnehmung und fühlte mich als »Rinnsteinprinzessin« natürlich sehr geehrt – war es doch ein Kompliment des »Königs von Deutschland«! Im Verlauf des Abends stellten wir fest, dass es weitere Berührungspunkte gibt, denn mein Vater hatte Rios Bruder auf seiner Puppenspieler-Tournee durch die Gegend chauffiert. So stellten sich wie von selbst eine familiäre Stimmung und freundschaftliche Verbundenheit ein.*

Dann sah ich Rio einige Zeit später persönlich. Er schleppte sich mit letzter Kraft bei Eiseskälte barfuß über die Reeperbahn ins Schmidts Tivoli zu einem TV-Auftritt. Er war total ausgebrannt. Diese Erinnerung schmerzt mich noch heute.

Beim »Abschiedskonzert der Freunde« zu Ehren von Rio im Berliner Tempodrom sangen Stars wie Ulla Meinecke, Herbert Grönemeyer und viele weitere Freunde und Weggefährten seine berührenden und unsterblichen Songs. Auch ich war auf der Bühne dabei und spürte, was für eine enorme Lücke Rio hinterlässt.

Rio Reiser war authentisch, schien durch Himmel und Hölle gegangen zu sein, vermittelte immer den unbedingten Wunsch nach Freiheit und trifft nach wie vor mitten ins Herz.

Als ich mit Rolf Claussen und dem legendären Kabarett-Duo »Herrchens Frauchen« das gemeinsame Programm »Nichts ist unmöglich« spielte, hatte ich das Glück, Lisa Politt bei Rios Auferstehungsballade »Land in Sicht«, in der es um die Freude des Ankommens und sich (selbst) Wiederfindens geht, am E-Bass begleiten zu dürfen. In meinen Chanson-Abend »Walzerdelirium« nahm ich den Song »Übers Meer« auf, der vom anderen Extrem, dem ziellosen Umherirren, erzählt. Am Ende siegt die Hoffnung.

– Tim Fischer

WAS TUN

1989, EP »Über Nacht«

Fernsehen an
Fernsehen aus
Schnaps im Kopf
Wut im Bauch
Alkoholen, nix auf Tasche
Fühl mich wie 'ne Einwegflasche

Kühlschrank leer
Gott ist tot
Grün ist grün
Und rot ist rot
Halt den Mund, sonst gibt's auf Ohr
Fußball, Fußball und kein Tor

Was tun, was tun
Die Welt auf den Kopf stellen
Oder auf die Beine
Wir leben nicht zusammen
Und wir leben nicht alleine
Was tun, was tun

Faust aufs Auge
Falsch gezielt
Fünf gewonnen
Und zehn verspielt
Bürgerkrieg rund um die Welt
Und die Oma hat kein Geld

Keine Kohle
Asche stinkt
Rechts verdreht
Abgelinkt
Helmut ging, Helmut geht
Er zu Rau und er zu Späth

Was tun, was tun
Die Welt auf den Kopf stellen
Oder auf die Beine
Wir leben nicht zusammen
Und wir leben nicht alleine
Was tun, was tun

Heißer Ofen
Kalt gemacht
Und die Kohle
Bleibt im Schacht
Wer noch lachen kann, der lacht
Guten Morgen, gute Nacht

Was tun, was tun
Die Welt auf den Kopf stellen
Oder auf die Beine
Wir leben nicht zusammen
Und wir leben nicht alleine
Was tun, was tun

HERBST

*1990, LP »Rio***«*

Ein himmelblauer Spätherbstmorgen in der Stadt
Die Nacht war lang, und ich bin immer noch wach
Und ich sitze hier und schreib was, mal ein Bild von dir
Mach die Augen zu und seh dich vor mir

Wünschte, du wärst hier
Seh dich vor mir
Wünschte, du wärst hier bei mir

Und ich stehe hier am Fenster und schau den Autos zu
Streichle die Katzen und denke, das wärst du
Setz mich an den Ofen, schaue in das Buch
Versuch die Worte zu entziffern, doch es bleibt bei dem Versuch
Leg mich auf mein Bett und bin weit von hier
Mach die Augen auf und seh dich vor mir

Wünschte, du wärst hier
Seh dich vor mir
Wünschte, du wärst hier bei mir

ALLES

*1990, LP »Rio***«*

Alles, was ich sein will, kann ich sein
Ich kann alles sein, was ich will
Jeder Traum, jeder Traum, den ich träum
Wird wahr, wenn ich es will

Ich hab wohl so viele Leben
Wie Sterne am Himmel stehen
Ich kann alles hören, was ich hören will
Und alles, was ich sehen will, sehen
Ich werde gestern sein und war morgen schon
Und heute bin ich ein Kind
Ich bin anders, weil ich wie alle bin
Und weil alle anders sind

Alles, was ich sein will, kann ich sein
Ich kann alles sein, was ich will
Jeder Traum, jeder Traum, den ich träum
Wird wahr, wenn ich es will

Ich hab wohl so viele Leben
Wie Sterne am Himmel sind
Ich war weiß, ich war schwarz
Ich war Mann, ich war Frau
Und heute bin ich ein Kind
Ich war ein Fisch im Fluss
Und ein Fisch im Meer
Ein Halm im Gras und ein Stein
Ich war in der Wüste
Und war auf dem Mond
Und morgen werd ich bei dir sein

Alles, was ich sein will, kann ich sein
Ich kann alles sein, was ich will
Jeder Traum, jeder Traum, den ich träum
Wird wahr, wenn ich es will

ASCHERMITTWOCH

*1990, LP »Rio***«*

Ich komme gerade von meinem Arzt
Und ich sag noch, ich seh für dich schwarz
Weil du wieder bei mir gar nix findest
Und nix finden, das kann jedes Kind
Ich bin krank, ich bin krank, ich bin krank
Ich hab nicht alle Tassen im Schrank
Du bist schuld, wenn bald hier was passiert
Und mein Anwalt ist schon informiert

Es ist Aschermittwoch, Aschermittwoch
Heut ist wieder Aschermittwoch
Endlich wieder Aschermittwoch im Schlaraffenland

Die Schiefflieger fliegen zu tief
Weil die Startbahnen liegen zu schief
Und nix läuft mehr, wie es mal lief
Die gebratenen Tauben waren Brieftauben
Jetzt sind die Briefe verbrannt
In denen geschrieben stand
Der Nordsee letztes Wort
Der Beweis, es war Selbstmord

Es ist Aschermittwoch, Aschermittwoch
Heut ist wieder Aschermittwoch
Endlich wieder Aschermittwoch im Schlaraffenland

Wie heißt der Stern, der dort so glänzt
Es ist der Stern von Mercedes-Benz
Und die Sexwelle ist jetzt verschwunden
Gott sei Dank, ich wär fast drin ertrunken
Zu viel Löcher im Ozon
Und zu viele am Mikrofon
Und das hamse jetzt eben davon
Denn ich hab eine Television
Helmut kommt vor dem Fall
Mit Egon zum Maskenball
Erkennen sie Ernst oder Klaus unsrer Lage
Hier ist Haben oder Nichtsein die Frage
Wir sind alle völlig verwirrt
Weil im Kuckucksuhrwald verirrt
Heut ist der letzte Tag dieser Welt
Also geben Sie mir noch schnell Ihr Geld

Denn es ist Aschermittwoch, Aschermittwoch
Heut ist wieder Aschermittwoch
Endlich wieder Aschermittwoch im Schlaraffenland

GELD

*1990, LP »Rio***«*

Geld macht nicht glücklich
Es beruhigt nur die Nerven
Und man muss es schon besitzen
Um es zum Fenster rauszuwerfen
Und wenn ich das große Los zieh
Und es geht nicht gleich alles drauf
Mach ich an der nächsten Ecke 'ne Lottobude auf

Geld
Manche haben's, manche haben's nicht
Gib mir 'n bisschen Geld
Aber ich werd einfach sauer, wenn ich keins krieg

Vor den Leuten, die Geld sammeln
Kann man eigentlich nur warnen
Denn noch nicht mal Samt und Seide
Können ihre Pferdefüße tarnen
Und wenn ich das große Los zieh
Geb ich sicher alles aus
Für Platin, Gold und Aktien
Und 'n supergroßes Haus

Geld
Manche haben's, manche haben's nicht
Gib mir 'n bisschen Geld
Aber ich werd einfach sauer, wenn ich keins krieg

Die Moral von der Geschichte
Soll die Reichen jetzt erreichen
Vielleicht lässt sich ja der eine
Oder andere mal erweichen
Denn mein Bankdirektor hungert
Die Gerichtsvollzieher weinen
Vielleicht schickt mir ja ein netter Millionär
Mal ein paar Scheine

Geld
Manche haben's, manche haben's nicht
Gib mir 'n bisschen Geld
Aber ich werd einfach sauer, wenn ich keins krieg

Geld macht nicht glücklich
Es beruhigt nur die Nerven
Und man muss es schon besitzen
Um es zum Fenster rauszuwerfen
Und man kann bekanntlich alles
Außer Liebe dafür kaufen
Doch der beste Weg von allen
Ist, es einfach zu versaufen

Geld
Manche haben's, manche haben's nicht
Gib mir 'n bisschen Geld
Aber ich werd einfach sauer, wenn ich keins krieg

MONTAG

*1990, LP »Rio***«*

Ich hab geschlafen, hab geträumt
Da war die Sonne, da war 'n Strand
Jetzt bin ich wach, was soll ich bloß
Um fünf nach sechs in diesem Land

Ich schau mich um, und was erblick ich
An meiner Wand: bedrucktes Blatt
Ich dreh mich weg, doch plötzlich weiß ich
Dass dieser Wisch Bedeutung hat

Es ist Montag
Ich weiß, was das heißt
Es ist Montag
Wochenende vorbei
Es ist Montag
Nix Neues, ich weiß
Es ist Montag
Und der Freitag ist weit

Da war noch was in meinem Traum
War wohl ein Mensch, oder was war's?
Auf jeden Fall zwei blaue Augen
Oder waren's braune oder was?

Aber bestimmt war's ganz wichtig
Es ging ums Leben oder so
Ich muss das alles nochmal durchdenken
Da sagt der Mann im Radio:

Es ist Montag
Ich weiß, was das heißt
Es ist Montag
Wochenende vorbei
Es ist Montag
Nix Neues, ich weiß
Es ist Montag
Und der Freitag ist weit

Soll ich mal ganz ehrlich sagen, was ich denke?
Ich weiß gar nicht genau, ob ich das brauch
Ich mein, diesen Tag, der nach dem Sonntag kommt
Ich glaub, den lass ich heute besser aus

4 WÄNDE

*1990, LP »Rio***«*

Vier Wände, meine vier Wände
Ich brauch meine vier Wände für mich
Die mich schützen vor Regen und Wind
Wo ich nur sein muss, wie ich wirklich bin

Vier Wände, meine vier Wände
Ich brauch meine vier Wände für mich
Eine Wand für mein Klavier
Eine Wand für ein Bild von dir
Eine Wand für eine Tür
Sonst kommst du ja nicht zu mir

Vier Wände, meine vier Wände
Ich brauch meine vier Wände für mich
Eine Wand für ein Bett, nicht zu klein
Eine Wand für den Tisch mit dem Wein
Eine Wand für den Sonnenschein
Denn bei mir soll's nicht dunkel sein

Vier Wände, meine vier Wände
Ich brauch meine vier Wände für mich

ICH KOMM NICHT MEHR NACH HAUS

1990, EP »Zauberland«

Du brauchst nicht mehr auf mich zu warten
Ich komm nicht mehr nach Haus
Leg dich ins Bett, und leg die Karten
Ich komm nicht mehr nach Haus

Brauchst dich nicht wundern, wo ich bleibe
Dich nicht zu fragen, ob ich schreibe
Ich bleibe, wo der Pfeffer wächst
Du wirst schon sehen
Hier hast du mich ja immer hinverwünscht
Hier isses schön

Ich komm nicht mehr
Ich komm nicht mehr
Ich komm nicht mehr nach Haus
Das Spiel ist aus

Du brauchst nicht lang auf mich zu fluchen
Ich komm nicht mehr nach Haus
Brauchst nicht versuchen mich zu suchen
Ich komm nicht mehr nach Haus

Stell dir doch vor, dass ich jetzt weine
Es war ja so schön an deiner Leine
Du hast ja immer gesagt
Ich wär hinterm Mond
Du hast ja gar keine Ahnung
Wie schön sich's hier wohnt

Ich komm nicht mehr
Ich komm nicht mehr
Ich komm nicht mehr nach Haus
Das Spiel ist aus

KRIEG

1991, LP »Durch die Wand«

Der Krieg
Er ist nicht tot, der Krieg
Der Krieg
Er ist nicht tot
Er schläft nur

Er liegt da unterm Apfelbaum
Und wartet, wartet
Auf mich, auf dich
Er ist nicht tot, der Krieg

Der Krieg
Er ist nicht tot, der Krieg
Der Krieg
Er ist nicht tot
Er schläft nur

Er liegt da im Hinterhof
Und wartet, wartet
Auf mich, auf dich
Er ist nicht tot, der Krieg

Der Krieg
Er ist nicht tot, der Krieg
Der Krieg
Er ist nicht tot
Er schläft nur

Er hat sich sehr gut versteckt
Und wartet, wartet
Auf dich, auf mich
Er ist nicht tot, der Krieg

Der Krieg
Er ist nicht tot, der Krieg
Der Krieg
Er ist nicht tot
Er schläft nur

Er liegt da unterm Apfelbaum
Und wartet, wartet
Auf dich, auf mich
Er ist nicht tot, der Krieg

⦿ *Musik muss inhaltlich und musikalisch authentisch sein. Das 91er-Album »Durch die Wand« war mein Favorit. Es war für mich und meine Kinder damals ein Muss bei jeder Autofahrt. Der Song »Krieg«, den ich 2000 auf meinem Duo-Album mit Reggie Worthy gecovert habe, ist bis heute mehr als zeitgemäß und in seiner Einfachheit und dem transportierten Gefühl unschlagbar.*

Ich schätze die Direktheit, mit der Rio Reiser Dinge angesprochen hat und den Elan, mit dem die Dinge angegangen wurden. Da ist eine Menge Mut drin, Missstände auszusprechen, zu kritisieren. Ohne dass alles sofort wieder in einem übervorsichtigen Man-kann-es-natürlich-auch-anders-sehen ersoffen wird. Kann man nämlich nicht! Heute nehmen sich alle immer sofort gleich mit einer Relativierung und einem Ja-aber jede Stoßkraft. Das will ich nicht. Ich will was sagen und was zu sagen haben. Daher finde ich mich in der Stimmung und der Aussage von »Krieg« absolut wieder.

Es macht einen dann nostalgisch, aber auch glücklich, dass da in vielen Liedern von Rio diese Utopie drin ist, dass das alles klappen wird. Da sind wir heute nüchterner, fatalistischer. Aber deswegen tun diese Lieder uns auch gut. Die erinnern daran, dass man an etwas glauben kann! Und auch sollte!

– Stoppok

U.S.W.

1991, LP »Durch die Wand«

Ich glaub, ich brauch schon wieder, oh
'n nagelneuen Video
Der alte ist ja nicht mehr aktuell
Und will ich meine Pornos sehen
Dann kann ich ja den alten nehmen
Weil ich den vor mein Wasserbettchen stell

Ich wär so gern mein Manager
Dann wär ich mit 'nem Porsche da
Ich hätt sein Schweizer Konto und sein Haus
Die ganze Welt ein Auf und Ab
Und wer nicht aufsteigt, beißt ins Gras
Das ist nun mal des Lebens ew'ger Lauf

Und so weiter, und so weiter
Immer höher auf der Leiter
Wenn's so weitergeht, wird's heiter
Nur so wird die Welt gescheiter
Und so weiter, und so weiter
Immer höher auf der Leiter
Wenn's so weitergeht, wird's heiter
Und dann knallt's

Jetzt hamwa die DR gekauft
Da wird ja auch viel Geld verbraucht
Wir können uns das leisten, was soll sein
Das Elsass ist ja auch noch da
Sprich du doch mal kurz mitTerand
Das müsste übersteuern wie der Rhein

Ach, wären wir doch Europapa
So unbegrenzt und wunderbar
Da sprechen dann auch alle wieder deutsch
Die ganze Welt tät auf uns sehen
Und jeder müsste uns verstehen
Und wer uns nicht verstehen will, bereut's

Und so weiter, und so weiter
Immer höher auf der Leiter
Wenn's so weitergeht, wird's heiter
Nur so wird die Welt gescheiter
Und so weiter, und so weiter
Immer höher auf der Leiter
Wenn's so weitergeht, wird's heiter
Und dann knallt's

ZU HAUSE

1991, LP »Durch die Wand«

Krähen fliegen übers Dach
Und ein Flieger macht mich wach
Zu Hause

Von den Wiesen weht ein Duft
Frisches Gras liegt in der Luft
Zu Hause

Der Milchwagen kommt, ich hör's genau
Ein Hund bellt, und ich schau aus dem Fenster
Hinaus in den Garten
Wo die hungrigen Katzen warten

Eine Maus läuft durch das Zimmer
Die ist hier ja auch schon immer
Zu Hause

In den Ritzen ist der Wind
Irgendwo ist auch ein Kind hier
Zu Hause

Eine Tür knarrt, wer kann das sein
Nur der Wind, denn ich bin ja allein
Und im Garten ist nur der Regen
Ich werd noch 'n bisschen Holz nachlegen

Der Milchwagen kommt, ich hör's genau
Ein Hund bellt, und ich schau aus dem Fenster
Hinaus in den Garten
Wo die hungrigen Katzen warten

Ich mal ein Schild für meine Tür
»Kein Eintritt«, denn ich bin heut hier
Zu Hause

○ *Ich erinnere mich noch daran, wie ich gerade nach Berlin gezogen war und in einem alten Sechzigerjahre-Bau mit ein paar anderen Künstler- und Student*innen alle möglichen Schallplatten katalogisierte, um ein paar Euros dazuzuverdienen. Dabei legten wir auf, was uns in die Finger kam, und das Großraumbüro bekam fast stündlich einen neuen musikalischen Anstrich. Irgendwann lief »Keine Macht für Niemand«, und das Cover leuchtete vorne am Plattenspieler. Ich setzte meine Kopfhörer ab, die ich getragen hatte, weil ich mit der vorherigen Auswahl nicht ganz einverstanden war, und dachte: Wow – wer ist denn das? So viel Ehrlichkeit, so viel wunderschön formulierte Wut, so viel Chaos und so viel Klarheit. Das Album blieb dort jahrelang stehen, und ich dachte immer: »Warum müssen wir hier eigentlich arbeiten und sind nicht für immer auf Tour?« Keine Macht für Niemand, verdammt!*

Als ich mein erstes Album rausbrachte und in meinem Zimmer Gitarre übte, klopfte es plötzlich von oben, und jemand schrie. Ich war etwas verwundert und spielte dann weiter. Das Klopfen wurde lauter, das Schreien auch. Ich hörte auf zu spielen, fing nach kurzer Zeit aber wieder an. Irgendwann stellte ich fest, dass ich gemeint war. Ich ging nach oben und klingelte bei meiner Nachbarin, um herauszufinden, was denn los sei. Sie öffnete mir die Tür mit einer Rio-Reiser-Platte unter dem Arm und sagte: Niemand, wirklich niemand wird jemals so sein, und du musst aufhören, Gitarre zu spielen! Ich brüllte irgendwas zurück und dachte: wie fies.

Zwei Tage später hing ein Brief an meiner Tür. Mit der Geschichte, dass sie früher mit Rio abgehangen habe und die Trauer nicht verkrafte. Die Gitarre erinnere sie immer wieder daran. Danach spielte ich nur noch in der Küche oder im Proberaum und schenkte ihr das erste Album von Theodor Shitstorm auf CD. Seitdem sind wir beste Freunde, und sie hört wieder Ton-Steine-Scherben-Platten. Meistens nachts, wenn ich schlafen will. Ich würde das als Happy End bezeichnen.

Eigentlich wollte ich etwas zu dem Song »Zu Hause« schreiben. Aber es ist alles gesagt.

Danke, Rio!

– Desiree Klaeukens

DU BIST ES

1991, LP »Durch die Wand« (mit Hannes Eyber)

Du bist der Sturm, der Drang, die Enge
Der Donner und die letzte Flut
Du bist der Neid, der Suff, die Menge
Das Wunder und das ruhige Blut
Du bist das Meer, der Wind, die Stille
Die Trauer und mein Untergang
Du bist der Schmerz, das Herz, der Wille
Das Ende und sein Neuanfang

Und du rollst mit der Sonne
Dem Mond und den Sternen
Weiter durch das All

Du bist die Angst, die Scham, die Reue
Der Jammer und die nackte Not
Du bist der Hass, die Wut, die Treue
Die Sterne und das Morgenrot
Du bist der Zorn, der Stolz, das Ende
Der Hammer und der Schlag ans Kinn
Du bist der Tritt, der Spaß, die Hände
Das Reden und sein Widersinn

Und du rollst mit der Sonne
Dem Mond und den Sternen
Weiter durch das All

Du bist die Sucht, der Müll, die Tonne
Die Hölle und der Pferdefuß
Du bist die Nacht, das Eis, die Sonne
Die Rose und der Abschiedskuss
Du bist der Geist, das Fleisch, das Schlaue
Der Teufel und das ewige Licht
Du bist das Nichts, die Schrift, das Blaue
Der Engel und das As, das sticht

Und du rollst mit der Sonne
Dem Mond und den Sternen
Weiter durch das All

● *Rio war ein Mensch, der alles um sich herum aufgesaugt hat. Heute würde man einfach sagen: hochsensibel. Darum geht es vielleicht in »Du bist es«, aber für mich geht es um noch viel mehr.*

Es war der Karfreitag 2020. Das Corona-Jahr.

Seit vier Wochen war alles geschlossen. Vier Wochen lang habe ich in meiner Berliner Wohnung gesessen und mich um meinen Vater Peter gesorgt, der im 400 Kilometer entfernten Kamen im Krankenhaus lag. Ich wusste, dass es dem Ende zuging, aber ich konnte nicht zu ihm. Auch meine Mutter konnte nicht bei ihm sein. Niemand, denn wir hatten eine Pandemie, von der keiner wusste, was sie noch mit sich bringen würde.

Einmal habe ich ihn noch am Telefon gesprochen; er war kaum zu verstehen.

Quälend lange Tage, allein, mit dieser unendlichen Ungewissheit – niemand wusste, wie lange diese Sache gehen würde, was noch passieren würde.

Klar war, dass ich in diesem Jahr nicht, wie sonst, an Ostern zu meinen Eltern nach Unna fahren können würde. Also sah ich einem einsamen Ostern in Berlin entgegen. Und dann kam am Abend des Karfreitags der Anruf. Peter habe Atemaussetzer. Wir dürften jetzt zu ihm.

Am nächsten Morgen nahm ich den ersten Zug, ich glaube, um 6.30 Uhr. Ich habe gar nicht geschlafen, die ganze Nacht nur dieses Lied von Rio gehört.

Ich habe diesen Song nie besonders auf dem Schirm gehabt, ich weiß auch nicht, wie ich darauf kam. Ich hörte ihn immer und immer wieder, die ganzen drei Stunden der gespenstischen Zugfahrt. Außer mir war fast niemand unterwegs, denn es gab Ausgangssperren und Fahrverbote und ich weiß gar nicht mehr, was noch alles.

Du bist es.

Dieses Lied beschreibt das, was ich in meinem Vater Peter sehe. Eine Naturgewalt, die alles in sich vereint, das Gute, das Schlechte, den Witz, die Bösartigkeit, die Wärme, das Genie. Jedes einzelne Wort passte, und so hörte ich es wieder und wieder.

Ich weiß nicht, was Rios Inspiration für den Song war, an wen er dachte. Aber das ist auch nicht wichtig, die Bedeutung erschließt sich ja aus seinen Worten. Ein Wesen, das alles in sich vereint. Eine Person? Gott? Die Existenz als solche?

Rio und Peter haben oft zusammengearbeitet, und der Text könnte ebenso von Peter selbst sein, denn sie waren sich in vielem so ähnlich. Künstlerisch wie menschlich, beides extreme Persönlichkeiten, leidenschaftlich, aufbrausend, immer zu 110 Prozent bei der Sache, total involviert, immer maximal und absolut. Das konnte sehr anstrengend sein, mit beiden, und war für sie selber auch nicht einfach.

Wie für Rio war auch Peters Bestimmung in seinem Leben, die Welt zu prägen, ihr seinen Stempel aufzudrücken und das zu sagen, was gesagt werden muss – auch wenn's oft wehtut. Den

Rio Reiser mit seinem Bruder Peter Moebius

Schmerz, die Freude, die Wut, das alles musste geteilt werden, musste raus.

Sie waren sich gleich in ihrem Glauben, beide bibelfest, die christlichen Werte fest verankert. Die tiefe Gewissheit, dass unsere Existenz auf diesem Planeten einen Unterschied machen kann und machen muss. Und dass dieses Leben nicht mit dem Tod endet, dass wir etwas hinterlassen und dass dieses Etwas

Bedeutung zu haben hat. Jeder hat etwas zu sagen und mitzuteilen, jeder hat eine Verantwortung für sich und für andere.

Die tiefe Überzeugung, dass jeder Einzelne von uns eine Verpflichtung gegenüber der Gesellschaft hat, dass es eine Kraft gibt, die größer und mächtiger ist als unser individuelles Leben, die uns verbindet, das war es auch, was Rio und Peter verband. Und so haben sie beide ein Lebenswerk hinterlassen, das ein Geschenk ist für künftige Generationen – und eine Verpflichtung.

Ich habe niemandem erzählt, dass ich »Du bist es« auf der Fahrt zu meinem sterbenden Vater nonstop gehört habe. Wochen später, nach Peters Beerdigung, unterhielt ich mich mit meinem besten Freund Benni, der seit über 25 Jahren Teil meiner Familie ist und der Peter sehr liebte und schätzte. Er habe, als er zwei Tage nach mir auf dem Weg nach Unna war, denselben Song gehört. Immer und immer wieder.

– Cäcilie Möbius

WENN DU MICH LIEBST

1991, EP »Jetzt Schlägt's 13«

Mancher Tag ist 'ne Ewigkeit
Manche Nacht dauert tagelang
Aber irgendwann ist jede Nacht vorbei
Und vorbei, vorbei ist hundert Jahre lang

Wenn du mich liebst
Stell 'ne Kerze ins Fenster
Schick mir keinen Liebesbrief
Wenn du mich liebst
Lieb mich sieben Himmel hoch
Lieb mich sieben Meere tief

Hundert Jahre sind keine Zeit
Keine Zeit hab ich viel zu viel
Viel zu viel hab ich immer mehr
Viel zu viel, und mein Herz wird schwer

Wenn du mich liebst
Stell 'ne Kerze ins Fenster
Schick mir keinen Liebesbrief
Wenn du mich liebst
Lieb mich sieben Himmel hoch
Lieb mich sieben Meere tief

DU – ÜBER ALLES

1993, LP »Über Alles«

Das ist der Punkt
Um den sich die Erde dreht
Das ist der Grund
Warum sich die Welt bewegt
Fall nicht, weil du mich hältst
Halt dich, dass du nicht fällst
Trau mich, weil du mir traust
Schau hin, wohin du nicht schaust

Das ist der Punkt
Um den sich die Erde dreht
Das ist der Grund
Warum sich die Welt bewegt
Ich weiß, wo ich dich seh
Du weißt, wohin ich geh
Du suchst mich, wo ich bin
Du führst mich immer hin
Du machst die Nacht zum Tag
Ich mach die Sonne wach
Wie's uns auch immer gefällt
Oder auch umgekehrt
Wo du auch bist und wer
Wir sind die Farben der Welt

Du, du, du – über alles
Du, du, du – über alles
Du, du, du – über alles in der Welt
Über alles in der Welt

Sagst mir, was ich nicht frag
Fragst nichts, wenn ich nichts sag
Hör dich, wenn du mich rufst
Find dich, wenn du mich suchst
Schlaf nur ein neben dir
Du wirst wach wegen mir
Wie's uns auch immer gefällt
Du machst den Himmel bunt
Ich mach die Erde rund
Wir sind die Farben der Welt

Du, du, du – über alles
Du, du, du – über alles
Du, du, du – über alles in der Welt
Über alles in der Welt

IM SÜDEN

1993, LP »Über Alles«

An 'ner Schnellstraße
Vor der Vor-Vorstadt
An 'ner Müllkippe
Aufm Schrottplatz
Wo die Träume enden
Wo's nix gibt zu pfänden
Wo die Reifen brennen
Da ist mein Herz

Am Güterbahnhof
Hinterm Bahndamm
Zwischen Dreck und Schlamm
Da am Schienenstrang
Wo kein Zug mehr fährt
Niemand wartet mehr
Zwischen Öl und Teer
Da ist mein Herz

Am Stadtrand
Bei der Ziegelei
Wo die Krähen schreien
Niemand kommt vorbei
Die kein Schwein mehr kennt
Wo kein Feuer brennt
Wo kein Penner pennt
Da ist mein Herz

Am alten Hafen
Wo kein Schiff anlegt
Wo kein Grund zu sehen ist
Wo das Wasser steht

Wo die alten Kähne
Sich nach Sintflut sehnen
Lagerhallen gähnen
Da ist mein Herz

Da am alten Bunker
Der vom Krieg erzählt
Wo auf keine Mauer
Je die Sonne fällt
Tausend Schimmelarten
Die auf neue Bomben warten
Neue Himmelfahrten
Da ist mein Herz

Und kein Geldschein macht mich heilig
Kein Halogen erleuchtet mich
In der Kantine von der Deutschen Bank
Gibt's jeden Tag das Jüngste Gericht

Ich such Perlen im Dreck
Prinzen im Schrott
Jesus hängt am Autobahnkreuz
Und Buddha ist bankrott
Hier am Rand der Verzweiflung
Wo alles zerfällt
Am Grab der Hoffnung
Wo kein Reisebus hält
Hier ist, was ich suche
Hinter dem Schmerz
Hier werd ich's finden
Hier ist mein Herz

Im Süden

NIMMST DU MICH MIT

1993, LP »Über Alles«

Ich hab vergessen, wo mein Auto steht
Vergessen, wann die letzte U-Bahn geht
Das letzte Taxi ist jetzt auch schon voll
Ich weiß nicht, wie ich nach Hause kommen soll

In zehn Minuten gehen die Lichter an
Ich weiß nicht, was man da machen kann
Die nächste Disco ist jetzt auch schon dicht
Und ich find wieder mal den Schlüssel nicht

Nimmst du mich mit
Nimmst du mich mit
Nimmst du mich mit zu dir

Die Häuser sehen jetzt eins wie's andre aus
Allein find ich von hier ja nie nach Haus
In keinem Hotel ist heut ein Zimmer frei
Ich hab bestimmt noch nicht mal Geld dabei

Ich hab vergessen, wie mein Auto geht
Vergessen, wo die letzte U-Bahn steht
Die Taxifahrer haben die Nase voll
Ich weiß nicht, wo ich heut schlafen soll

Nimmst du mich mit
Nimmst du mich mit
Nimmst du mich mit zu dir

Du hast doch grad gesagt, du wohnst allein
Da wird für mich doch noch 'n Plätzchen sein
Ich schlaf bestimmt ganz sicher ganz schnell ein
Sag, was du willst, nur bitte sag nicht Nein

Nimmst du mich mit
Nimmst du mich mit
Nimmst du mich mit zu dir

MITTEN IN DER NACHT

1993, LP »Über Alles«

Hab dich nie berührt
Ich hab dich niemals angefasst
Doch in meinen Träumen
Haben wir's gemacht
Jeden Abend frag ich mich
Wen du zum Schlafen hast
Manchmal wach ich auf
Mitten in der Nacht

Neulich warst du hier
Doch da war ich wohl grad nicht da
Als ich wiederkam
Warst du gerade weg
Gestern um halb drei denke ich
Was ist denn das für'n Krach
War das Telefon
Mitten in der Nacht

Warst das vielleicht du
Um die Zeit ruft sonst niemand an
Aber als ich ranging
War es schon zu spät
Da hab ich mir gewünscht
Ich hätt 'n Polaroid von dir gemacht
Und dann war ich traurig
Mitten in der Nacht

Wenn ich mal Geburtstag hab
Und das ist ja schon ganz bald
Lade ich dich ein
Dann kommst du ganz bestimmt
Dann werde ich dir sagen
Dass du schöne Augen hast
Die mich manchmal anschauen
Mitten in der Nacht

NEUN99ZIG

1993, »LP Über Alles«

Neun99zig, keine zehn Mark
Nur der, der kauft, hat wirklich gespart
Neun99zig, so gut wie umsonst
Du wirst glücklicher rausgehen – als du reinkommst

Du brauchst was zu kaufen
Manchmal braucht man mehr
Du willst was Bestimmtes
Doch das Regal ist leer
Du findest was andres
Aber das war nicht geplant
Schaust scheel auf den Preis
Wer hätte das geahnt

Neun99zig, keine zehn Mark
Nur der, der kauft, hat wirklich gespart
Neun99zig, so gut wie umsonst
Du wirst glücklicher rausgehen – als du reinkommst

Du rennst durch die Straßen
Suchst 'n Geschenk
Du musst jemandem zeigen
Wie sehr du an ihn denkst
Du stürzt in die Boutiquen
Denkst: Was ist er dir wert
Fragst: Was kostet das denn
Und staunst, als du erfährst

Neun99zig, keine zehn Mark
Nur der, der kauft, hat wirklich gespart
Neun99zig, so gut wie umsonst
Du wirst glücklicher rausgehen – als du reinkommst

Kauf dir 'ne Schüssel
Für 'n Salatellit
Du brauchst auch 'n Schlüssel
Fürs Pay-TV
Kauf dir 'n Messer
Lasergeschärft
Du musst dich warm anziehen
Für 'n nächsten Herbst
Und wenn du Geld brauchst
Bei der Bank gibt's Geld satt
Das kann jeder haben
Der genug davon hat
Und wenn du nix hast
Und nix dir nicht langt
Nimm 'ne Wasserpistole
Und überzeug deine Bank

Neun99zig, fast 'ne Million
Das zahlt die Versicherung, wen juckt das schon
Neun99zig, der reine Hohn
Ich schick dir 'nen Pfennig – und kassier die Million

WART'S AB

1993, LP »Über Alles«

Du bist nicht der Erste, der ganz oben steht
Ganz oben in 'ner Luxusetage lebt
Der Erste, der an jedem Pfennig klebt
Und doch über allen Wolken schwebt

Du bist nicht der Erste, dem nichts mehr fehlt
Der Erste, für den nur die Kohle zählt
Der niemals ohne Bodyguard geht
Der jeden Pfennig dreimal umdreht

Du denkst, es geht immer so weiter
Für dich sind alle Himmel heiter
Du hast dich nie geirrt, du bist nie gescheitert
Du denkst, du fällst nie von der Leiter

Wart's ab, wart's ab
Es kommt, es kommt und nicht zu knapp
Wart's ab
Siehst du die Spraydose in meiner Hand
Ich mal dir den Teufel an die Penthousewand
Der Kaviar alle, der Schampus schal
Deine Frau knallt die Tür zum letzten Mal
Wart's ab, wart's ab
Es kommt, es kommt und nicht zu knapp

Das dickste Konto und der beste Wein
Sind unter null einfach nicht mehr fein
So was spricht sich rum, so was macht klein
Kein Türsteher lässt dich noch rein
Da hilft kein Name und kein Schein,
Da kannst du bitten, betteln, schrei'n
Du bist nur noch 'n armes Schwein
Genau so wird's kommen, so wird's sein

Wart's ab, wart's ab
Es kommt, es kommt und nicht zu knapp
Wart's ab
Siehst du die Spraydose in meiner Hand
Ich mal dir den Teufel an die Penthousewand
Vielleicht bist du morgen schon allein
Und grübelst über deinem Lottoschein
Wart's ab, wart's ab
Es kommt, es kommt und nicht zu knapp

Die Austern eben waren noch lecker
Du drehst dich um, und da ist der Vollstrecker
Hörst du es klingeln schon an der Tür
Vielleicht ist das schon der Gerichtsvollzieher
Niemand grüßt dich mehr, weil dich keiner mehr kennt
Niemand will mehr in dein Testament
Niemand wird sich freundlich mit dir gedulden
Du hinterlässt nur Ärger, hinterlässt nur Schulden
Niemand kommt mehr zu dir auf ein Gläschen Wein
Das kann ja nur Lambrusco sein

INAZITTI

1993, LP »Über Alles«

Gerade, gerade, gerade, gerade
Immer geradeaus
Im Kanal schwimmt eine Leiche
Holnse grade raus
Und dann weiter bis zum Alex
Alex, weißt du noch
Ich hab mal auf dir gestanden
Hab ich dich gemocht
Sex und Sex und Sex und Sex
Ich weiß nicht genau
Vorgetäuscht und täuschend echt
Niemand wird draus schlau
Was nicht wird, wird abgerissen
Hässlich oder schrill
Wer nix wird, kann sich verpissen
Was'n Wiedersehen

Wieder in 'ner City
Wieder in 'ner Stadt
Wen sie liebt, den frisst sie
Und keinen macht sie satt

Gerade, gerade, gerade, gerade
Immer geradeaus
Neunzig Grad sind alle Winkel
Hier kommt keiner raus
Hexenkessel, der mich fesselt
Geiles Labyrinth
Alle Straßen rote Faden
Wer nicht sucht, gewinnt
Ach, das Tor ist wieder offen
Menschen kommen und gehen
Und die Vögel scheißen drauf
Tauben, Spatzen, Krähen
Ob's hier mal die Mauer gab?
Den Ratten ist's egal
Es gab immer Tausend Wege
Unten im Kanal

Wieder in 'ner City
Wieder in 'ner Stadt
Wen sie liebt, den frisst sie
Und keinen macht sie satt

Gerade, gerade, gerade, gerade
Immer geradeaus
Und dann bring mich um die Ecke
Da war ich mal zu Haus
Spritties, Hippies, 68er
Alles gut saniert
Alles cool und niemand rechts hier
Hat doch funktioniert

Wieder in 'ner City
Wieder in 'ner Stadt
Wen sie liebt, den frisst sie
Und keinen macht sie satt

Gerade, gerade, gerade, gerade
Immer geradeaus
Überall, wohin ich seh
Zu viel angestaut
Zu viel Frust, zu viel Enttäuschung
Zu viel Hass und Wut
Heimlich fragt sich jeder hier
Wie lang geht das noch gut
Alles geht und geht so grade
Alle aufm Strich
Wer will hinter Gittern enden
Und wer ist es nicht

WOHIN GEHEN WIR

1993, LP »Über Alles«

Wohin gehen wir, wohin gehen wir
Werden wir uns wiedersehen
Du bist wieder da, wo du warst
Aber ich bin wieder allein
Du bist wieder da, wo du warst
Aber ich bin wieder allein

Andre Wege, andre Straßen
Jeder wird woanders schlafen
Ich bin wieder da, wo ich war
Aber du bist wieder allein
Du bist wieder da, wo ich war
Aber ich bin wieder allein

Nur die Sterne, nur die Sterne
Drehen sich weiter in der Ferne
Alles wird so sein, wie es war
Aber nichts wird wieder so sein
Nichts wird wieder sein, wie es war
Solang die Sonne scheint

Ein langes Jahr, ein langer Wein
Und nur wer liebt, ist nicht allein
Wer nicht liebt, der wird zu Stein
Und es wird niemals anders sein

Wohin gehen wir, wohin gehen wir
Werden wir uns wiedersehen

WAS ICH WILL

1993, LP »Kralle« (Kralle Krawinkel)

Was ich will, ist ein Komet
Der war und wahr war, ist ein Planet
Ein vergrabener Wunsch, ein verbotenes Gebet
Ein donnernder Pfeil ist das, was ich will
Das ist, was ich will
Und ich krieg, was ich will

Was ich will, ist ein reißender Fluss
Ein Vogel im Sturm, ein glühender Kuss
Kein Ring am Finger, doch Flügel am Fuß
Die Schätze der Welt sehen ist das, was ich will
Das ist, was ich will
Und ich krieg, was ich will

Was ich will, ist ein großer Skandal
Ein Riss im Bildschirm, ein Signal
An alle Gipfel, an jedes Tal
Von den Enden der Welt ist das, was ich will
Ist das, was ich will
Und ich krieg, was ich will

Was ich will, ist ein Feuer am ewigen See
Eine singende tanzende nackte Antenne
Verrostete Panzer und schmelzender Schnee
Ein Sprung ins Nichts ist das, was ich will
Das ist, was ich will
Und ich krieg, was ich will

Was ich will, ist ein Ritt durch Unendlichkeit
Ein Fiberglastunnel durch Raum und Zeit
Und alles ist offen, alles bereit
Und alles mit dir ist, was ich will
Krieg, krieg, krieg, krieg, krieg, was ich will
Hey, ich krieg, was ich will

DER JUNGE AM FLUSS

1995, LP »Himmel & Hölle«

Der Junge am Fluss
Er liegt im Sand
Blickt in den Himmel
Schaut in die Bäume
Lauscht seinen Träumen
Fällt aus den Wolken
Taucht in die Fluten
Treibt mit den Wellen
Schwimmt mit dem Fisch
Steigt dann ans Ufer
Und liegt im Sand
Der Junge am Fluss
Er liegt im Sand
Blickt in den Himmel
Schaut in die Bäume
Der Junge am Fluss
Der Junge am Fluss

○ *Es war einmal in den Neunzigerjahren. Da geschah es, dass ich den von mir bewunderten Rio Reiser allmählich mit wachsender Distanz hörte. Ursache hierfür ist nicht Reisers Songkunst, sondern die Produktionsweise vieler seiner Soloalben gewesen, die nach meinem Dafürhalten allzu perfektionistisch und steril klangen – so wie das meiste, was in jenen Tagen eine Chance haben wollte, von den Radio- und Videosendern gespielt zu werden. Und so hörte ich Reisers Album »Himmel und Hölle« von 1995 mit nicht eben großer Spannung. Bis dann »Der Junge am Fluss« an mein Ohr drang. Schwelgerische, gleichwohl dezente Melodielinien, erst spät einsetzender Gesang. In dem Lied passiert nicht viel, ein Junge »liegt im Sand / blickt in den Himmel / schaut in die Bäume / lauscht seinen Träumen«. Die hier beschriebenen Momente dürften den meisten Menschen wenig bedeuten, unspektakulär und nichtig erscheinen. Wenn man sich derlei Momenten aber öffnet, können sie tief bewegende Erlebnisse sein. Ich wüsste keinen anderen Songwriter zu nennen, der über das Draußensein so wunderschön einfache, unprätentiöse Lyrik verfasst hätte wie Rio Reiser. Warum dieses Lied mich derart berührt? Weil der Junge am Fluss ich bin, auch als alternder Mann noch.*

– Michael Girke (Jetzt!)

EISLIED

1995, LP »Himmel & Hölle«, mit Peter Möbius

Kalt wie erfroren
In Eis und Schnee
Versunken, ertrunken
In gefrorener See
Mein Vater heißt Winter
Meine Mutter heißt Frost
Und ich bin eins der eisigen Kinder

Weiß wie der Schnee
Schwarz wie der Tod
Rot wie das Blut
Auf dem alten Schlachthof

Aus Versehen haben sie
Mich in die Welt verschenkt
Warum haben sie mich
Nicht gleich bei der Taufe ertränkt
Meine Mutter ist herzlos
Mein Vater ein Stein
Herzlose Steine ihre Kinder

Weiß wie ein Grabstein
Schwarz wie die Not
Rot wie die Ziegel
Auf dem alten Schlachthof

Sie gaben mir als Freund
Einen Vogel, der spricht
Er hat zu mir gesprochen
Doch verstand mich nicht
Mein Vater heißt Niemand
Meine Mutter heißt Null
Null und Niemand
Sind die Kinder

Niemand wie keiner
Keiner wie nichts
Niemand die Kinder
Von Keiner und Nichts

● *Liebe, Lügen und Hoffnung, Sonne, Kraft und Schmerz, Wälder, Wiesen und Winde, Sturm, Streik und Sterne – das und noch vieles mehr sind die Themen seiner Songs. So einfach und klar diese Worte sind, so kühl und genau beschreibt er sich und die Eltern im kalten »Eislied«.*

Eine leicht schaurige Mini-Ballade, eigentlich eine Moritat, ein schleppend, aber leicht hüpfender Rhythmus, eine Gangart von vor langer Zeit, mit Klängen der Frühindustrialisierung und einfacher Wandergitarre vorgetragen wie von Rio von der Vogelweide, wunderschön vernebelt die Flötenklänge als Schlaufe am Firmament, erzählt und berichtet das Lied von einer grauseligen Wirklichkeit.

So stelle ich mir das Mittelalter im Heute vor.

Neben seinen Hits eines meiner Lieblingslieder von ihm.

– Harry Rag (S.Y.P.H.)

HOFFNUNG

1995, LP »Himmel & Hölle«

Ich hatte heute Nacht eine Vision
Da war ein alter Mann auf einem Thron
Alt wie der Mensch, müde und schwer
Er schaute mich an, doch seine Augen waren leer
Er rief: Nehmt mir die Krone ab, die mich erdrückt
Nehmt mir die Krone weg, nehmt sie zurück
Ich weiß, irgendwo ist da ein Licht
Doch ich kann euch nicht führen
Denn ich weiß den Weg nicht

Hoffnung – ist alles, was bleibt
Hoffnung – die die Kälte vertreibt
Hoffnung – dass die letzte Mauer fällt
Hoffnung – ist das Licht der Welt

Niemand weiß, wann, niemand weiß, wo
Worte aus Stein, es bleibt immer so
Noch weht kein Wind, aber wer weiß
Vielleicht ist niemals schon morgen vorbei

Hoffnung – ist alles, was bleibt
Hoffnung – die die Kälte vertreibt
Hoffnung – dass die letzte Mauer fällt
Hoffnung – ist das Licht der Welt

TRÄUME

1995, LP »Himmel & Hölle«

Träume verwehen
Wenn sie nicht wissen, wo sie schlafen sollen
Und bevor der Tag kommt
Ziehen sie mit dem Wind davon
Die Welten drehen
Wer von uns weiß, wer seine Freunde sind
Wenn ein neuer Tag kommt
Sehen wir alle anders aus

Die Zeit vergeht
Und so viel bleibt im Straßenstaub
Wird uns fremd
Wie ein Bild von daheim
Alles längst verschwunden
Alles überwunden
Und doch war da viel mehr als ein Spiel

Träume erfrieren
Wenn niemand da ist, der sie träumen will
Und bevor der Tag kommt
Sind sie mit der Nacht davon
Jetzt stehen wir hier
Wer von uns weiß noch, welchen Weg er geht
Wenn ein neuer Tag kommt
Ist nichts, wie es einmal war

Die Zeit vergeht
Und so viel bleibt im Straßenstaub
Wird uns fremd
Wie ein Bild von daheim
Alles längst verschwunden
Alles überwunden
Und doch war da viel mehr als ein Spiel

STREIK

1995, LP »Himmel & Hölle«

Was für ein wunderbarer Tag
Ich mach nicht mehr, was du mir sagst
Und ich funktioniere nicht mehr
Ich pariere nicht mehr
Mir reicht's!

Ich mach's dir nicht mehr, wie du's magst
Ob du jammerst oder mich verklagst
Und du betrügst mich nicht mehr
Du belügst mich nicht mehr
Ich weiß, ich bin dir völlig egal
Für dich bin ich nur eine Zahl
Doch ich komm nicht mehr zu dir
Rechne nicht mehr mit mir
Es reicht!

All deine Freunde hast du verbraucht
Selbst deine Feinde verziehen sich jetzt auch
Du denkst, du denkst, jeder hat seinen Preis
Doch es gibt 'n paar Sachen, die du noch nicht weißt

Was für ein wunderbarer Tag
Ich meine genau, was ich sag
Glaub mir, du wirst mir nicht fehlen
Und ich werde jetzt gehen
Jetzt gleich!

Du glaubst, ich bin in deiner Macht
An eins hast du aber nicht gedacht
Denn ich glaub dir nix mehr
Ich vertrau dir nicht mehr
Es reicht!

Ich verzichte auf dich und dein Geld
Ich fühle mich fast wie ein Held
Weil ich komm ohne dich aus
Mach dir nichts draus
Nimm's leicht!

STRASSE

1995, LP »Himmel & Hölle«

Die Sonne scheint durchs Fenster rein
Und der Schnee schmilzt weg
Seit heute bin ich wieder allein
In meinem schwedischen Bett
Deine Koffer waren ja schon lang gepackt
Ich schätze, seit ’nem halben Jahr
Heute Morgen bin ich aufgewacht
Da waren sie nicht mehr da

Du kommst nicht mehr zurück, ich weiß Bescheid
Doch das wirft mich überhaupt nicht aus der Bahn
Ich habe nur mal wieder mehr Zeit
Für ’nen langen Roman

Ach, vielleicht haben wir ja beide schrecklich recht
Weiß man manchmal erst nach hundert Jahren
Wer nun richtig falsch war und wer echt
Dann ist es uns wahrscheinlich auch egal
Ich geh immer der Straße nach
Immer der Nase nach
Immer der Sonne hinterher
Weiter in den neuen Tag

Warum soll’s uns auch anders gehen
Als dem Rest der Welt
Nach dem ersten »Ich liebe dich«
Sind die Tage gezählt
Unsere Alten haben’s uns vorgemacht
Und wir machen’s wie sie
Wir haben so viel über andere gelacht
Aber über uns so gut wie nie
Wir haben uns oft gestritten, das ist wahr
War das nicht auch oft ganz schön?

Ich meine, vor allem manchmal danach
Ich hab's jedenfalls so gesehen

Ach, vielleicht haben wir ja beide schrecklich recht
Weiß man manchmal erst nach hundert Jahren
Wer nun richtig falsch war und wer echt
Dann ist es uns wahrscheinlich auch egal
Ich geh immer der Straße nach
Immer der Nase nach
Immer der Sonne hinterher
Weiter in den neuen Tag

Ich leg 'ne Platte auf, dreh sie ganz laut
Geb den bösen Geistern Hausverbot
Schau zum Fenster raus, schau mal, wer schaut
Alles ist schon wieder fast im Lot
Bestimmt kommst du mal wieder vorbei
Oder ruf mich einfach mal an
Oder besser noch, wenn ich die Adresse weiß
Besuche ich dich irgendwann

Die Sonne scheint durchs Fenster rein
Und der Schnee schmilzt weg
Seit heute bin ich wieder allein
In meinem schwedischen Bett

Ach, vielleicht kommst du ja morgen schon zurück
Vielleicht komm ich ja auch zurück zu dir
Vielleicht wäre das dein Pech
Vielleicht auch Glück
Aber ganz egal, was dann passiert
Ich geh immer der Straße nach
Immer der Nase nach
Immer der Sonne hinterher
Weiter in den neuen Tag

IRRLICHT

1995, LP »Himmel & Hölle«

Da war ein Licht am Anfang der Welt
Ein Strahl, der die dunkelste Nacht erhellt
Der in die finsterste Ecke fällt
Das war das Licht am Anfang der Welt

Am Anfang der Welt war da ein Klang
Schöner als jeder Engelsgesang
Ein Licht, ein Licht, das uns jetzt fehlt
Das war und ist am Anfang der Welt

Da war ein Wort am Anfang der Welt
Ein Wort, das die dunkelste Nacht erhellt
Das Wort war Liebe war das Wort
Und das ist der Schlüssel zum großen Tor

Am Anfang der Welt war da ein Licht
Ein Licht, das das dunkelste Dunkel bricht
Ein Blitz, ein Strahl, ein Wort, ein Klang
Das Licht, das Licht, mit dem alles begann

Und jetzt ist ein Irrlicht da
Wir sind verwirrt und sehen nicht mehr klar
Was ist gelogen, und was ist wahr
Die ganze Welt ist in Gefahr

Und das Irrlicht leuchtet und leuchtet hell
Wer hat dieses Licht dahin gestellt
Wer sieht noch das Licht, das uns jetzt fehlt
Das war und ist am Anfang der Welt

»In the beginning there was rhythm«, sagen so manche, natürlich – das Herz, der Herzschlag, der Anfang des Lebens.

Was ist mit Melodie? Gehört sie nicht auch zur Natur, ist sie vielleicht nicht noch wesentlicher an unserer Entstehung, der Entstehung der Menschheit beteiligt?

»Am Anfang der Welt war da ein Klang …«

Ein Klang, ein Geräusch, ein oder gleich mehrere Töne, eigentlich ein riesiger Krach, ein unglaubliches Getöse, das die Menschen zum Glück nicht erleben mussten, sondern sie standen erst auf, als es zwitscherte und piepte, fauchte, gluckste und säuselte, von allen Seiten, überall.

Manche trommelten, manche sangen Nachrichten, Worte, Klänge, Jesus, der erste Guru – oder der Beginn des 20. Jahrhunderts.

»Liebe war das Wort« – aber es gibt auch Mord und Gedanken daran, wie es weiter- und besser gehen kann.

Wurde das Irrlicht nicht bereits bei Kain und Abel sichtbar?

Das Licht zu Beginn der Welt, die Sonne, strahlt ununterbrochen selbst in die dunkelsten Ecken unserer Gedanken – in den Geist.

Liegt in den Waagschalen zugleich großes Gutes wie abscheulich Dummes beieinander, sieht man die blinde Justitia als geblendet, die Wahrheit als einen Aspekt des Irrsinns.

»Was ist gelogen, und was ist wahr?
Die ganze Welt ist in Gefahr.«

– Harry Rag (S.Y.P.H.)

NICHT NOCHMAL

1998, Album »Am Piano I«

Wer weiß, ich nicht
Kann sein oder nicht
Nicht mein Ding, mir egal
Nicht jetzt und nicht nochmal

Nix zu sagen außer bla, bla, bla
Keine Message außer da, da, da
Keine Zukunft außer bumm, bumm, bumm
Stumm, stumm
Keine Hoffnung außer hah, hah, hah
Keine Fragen außer na, na, na
Keine Worte außer »Dreh die Platte um«
Stumm, stumm

Was soll's, und wie
Mein Traum war es nie
Nicht kalt, nicht heiß
Zu viel Tränen, zu viel Schweiß

Nix zu sagen außer bla, bla, bla
Keine Message außer da, da, da
Keine Zukunft außer bumm, bumm, bumm
Stumm, stumm
Keine Hoffnung außer hah, hah, hah
Keine Fragen außer na, na, na
Keine Worte außer »Dreh die Platte um«
Stumm, stumm

Welcher Hit, welche Welle
Welcher Himmel, welche Hölle
Alter Schimmel, schlecht gestrichen
Schon grau, schon verblichen

Nix zu sagen außer bla, bla, bla
Keine Message außer da, da, da
Keine Zukunft außer bumm, bumm, bumm
Stumm, stumm
Keine Hoffnung außer hah, hah, hah
Keine Fragen außer na, na, na
Keine Worte außer »Dreh die Platte um«
Stumm, stumm

● *Als uns als Band angetragen wurde, für den Rio-Reiser-Tribute-Sampler »Familienalbum« ein Stück einzuspielen, waren erst mal alle etwas ratlos. Die Scherben hatten in unserer musikalischen Sozialisation überhaupt keine Rolle gespielt, wir kannten nichts und fast niemanden – na ja, Rio schon, aber vor allem als Schauspieler – und fühlten uns überfordert. Da mir seine Solokarriere und die Pop-Hits aber dann doch viel besser gefallen hatten als die Siebziger-Scherben-Hymnen (zu rockistisch war das irgendwie), kam mir eine CD unter, mit Raritäten, Demos etc. Und darin, allein am Klavier, Rio mit »Nicht nochmal«. Eine tolle Abrechnung mit der NDW, wie ich fand, und ideal, um Peters Stimmbänder herauszufordern. Und so kam es zum Rio-Tribute: Ein Rio-Stück, das wie Fehlfarben klingt, gespielt von den Fehlfarben, die überhaupt nicht wie Rio klingen und dazu ohne jede Ehrfurcht. So wie gute Tributes sein müssen.*

– Thomas Schwebel (Fehlfarben)

Rio Reiser, um 1970

FRÜHLINGSSTURM

1998, Album »Am Piano I«

Ich bin der Nachtwind
Hörst du mich
Ich trage die Fahne
Ich frage nicht
Ahne den Morgen
Der schmale Streifen am Horizont
Zeigt mir den Weg

Ich bin der Morgenstern
Siehst du mich
Ich küsse die Schlafenden
Ich frage nicht
Suche die Blumen
Der winzige Tropfen Silbertau
Zeigt mir den Weg

Ich bin die Sonne
Fühlst du mich
Ich trockne die Tränen
Ich frage nicht
Wecke das Leben
Die kleine Knospe am Apfelbaum
Zeigt mir den Weg

Ich bin der Frühlingssturm
Kennst du mich
Ich bringe den Regen
Ich frage nicht
Trage die Wünsche
Die vergrabene Hoffnung in deinem Herzen
Zeigt mir den Weg

SEI MEIN FREUND

1998, Album »Am Piano I«

Mein Freund, sei mein Freund
Sei mein Freund, mein Freund

Lieb mich, wie ich bin
Wie ich bin, ich bin
Sag mir, wovor du Angst hast
Sag mir, wer hat dir wehgetan

Mein Freund, sei mein Freund
Sei mein Freund, mein Freund

Bleib hier, bleib bei mir
Bleib hier, bleib bei mir
Geh fort, wenn du willst
Aber komm zurück
Sag mir, warum du Angst hast
Sag mir, warum du traurig bist

Mein Freund, sei mein Freund
Sei mein Freund, mein Freund

Gib mir, was du willst
Gib mir, was du willst
Nimm mich wie ich dich
Nimm mich wie ich dich
Lass uns die Worte vergessen
Lass sie mit dem welken Tag verwehen

Mein Freund, sei mein Freund
Sei mein Freund, mein Freund

● *Als ich ihn kennenlernte, war ich schon lange Fan. Wir hatten das Glück, dass Annette Humpe Anfang der Neunziger unsere ersten Die-Prinzen-Alben produzierte. In das Hamburger Boogiepark-Studio lud sie immer gern Freundinnen und Freunde ein, um uns Ossis als Exoten vorzustellen – so nach dem Motto: Guck mal, die können singen und fließend sprechen. Eines Tages stand ein junger Mann hinter dem Küchentresen, und ich dachte: Den kennst du doch – verdammt, woher? »Hallo, ich bin Rio! Annette hat gesagt, ich soll heute für euch kochen.« Da war ich wirklich perplex und musste aufpassen, nicht zu sehr den kleinen Fanboy raushängen zu lassen, was mir sicher nicht wirklich gelang. Danach habe ich seine Musik nochmal mit ganz anderen Ohren gehört und mir jeden Schnipsel Musik von ihm besorgt.*

Sehr viel später – Rio lebte schon nicht mehr – erschienen zwei Tonträger: »Rio Reiser am Piano 1 & 2«, und das war für mich eine Offenbarung, weil ich vieles noch nicht kannte. Liveaufnahmen, aber eben auch unveröffentlichte Demos von Songs, die auch später niemals das Licht der Welt erblickt hätten. Ein Lied hatte es mir besonders angetan: »Sei mein Freund«. Ein herzzerreißendes kleines Lied, gespielt auf einem verstimmten, quietschenden Klavier, gesungen mit all dem Weltschmerz, mit all der traurig-melancholischen Tiefe, die ich bei ihm schon immer mochte. Es klang für mich wie ein Hilferuf, aber gleichzeitig hatte es etwas Tröstendes. Ein Mensch auf der Suche nach Liebe, nach Zuneigung, ein zerbrechliches Wesen, das es aber gleichzeitig schafft, mit dieser Attitüde Kraft zu spenden und mich damit mitten ins Herz zu treffen. Das bittende »Bleib hier, bleib bei mir« mit dem großzügigen »Geh fort, wenn du willst, aber komm zurück« zu verbinden, das hat mich umgehauen. »Gib mir, was du willst – lieb mich, wie ich bin«. Ja, genau das kannte ich, das kenne ich, genau das will ich hören und singen ... Wenn ich heute solo am Piano unterwegs bin, vergeht kaum ein Abend, an dem ich dieses Lied nicht singe, und immer habe ich das Gefühl, dass er mich hört. Ich weiß, das klingt kitschig. Was ich damit sagen will: Ein Mensch ist für mich erst dann wirklich tot, wenn keiner mehr über ihn spricht oder eben seine Lieder singt. Lang lebe Rio!

– Sebastian Krumbiegel

WOVON TRÄUMST DU?

1998, Album »Am Piano I«

Wovon träumst du, wenn du träumst
Träumst du von der Liebe, träumst du vom Glück
Woran denkst du, wenn du denkst
Denkst du an morgen, oder denkst du zurück
Wen willst du küssen
Mit wem willst du schlafen
Was willst du wissen
Was willst du machen

Denkst du nicht auch manchmal
Dass dir was fehlt, du weißt nicht, was
Wie kommst du klar mit dieser Welt
Die so kalt ist wie Stahl und Glas
Lass uns zusammen gehen

Wir sind die Zukunft
Wir sind die Antwort
Wir sind die Helden
Wir sind die Stars
Wir, die Millionen Unbekannten
Und was wir wollen
Wird morgen wahr

Woran denkst du Montagmorgen
Wenn der Wecker deinen Traum zerbricht
Wovon träumst du Freitagabend
Wenn du nicht zu Hause bist
Wer sind deine Freunde
Wer wird dich verstehen
Wer sind deine Feinde
Mit wem wirst du gehen

Wenn das Geld dich nicht mehr zufrieden macht
Und nichts so läuft wie du's dir denkst

Und du viel zu tun hast und nichts zu sagen
Und dir alles den Hals raushängt
Lass uns zusammen gehen

Wir sind die Zukunft
Wir sind die Antwort
Wir sind die Helden
Wir sind die Stars
Wir, die Millionen Unbekannten
Und was wir wollen
Wird morgen wahr

Lass uns zusammen gehen

WEIT VON HIER

1998, Album »Am Piano I«

Weit, weit, weit von hier
Hier vor meiner Tür
Saß ein Mensch, wohl ein Kind
Schickte Drachen in den Wind
Malte in die Wolken Geister
Sang ein Lied und sang sich heiser
Sah dann mich, erschreckte sich
Rannte fort und versteckte sich
Kannte ich nicht das Gesicht?
Ich glaub, das Kind war ich
Ich glaub, das Kind war ich

ALLES IST GUT

1999, Album »Am Piano II«

Alles ist gut, nichts ist schlecht
Ich kann mich nicht entscheiden
Alles ist falsch, alles ist echt
Ich kann mich nicht entscheiden
Was ist gut, was ist schlecht
Was ist falsch, was ist echt
Ich kann mich nicht entscheiden
Ich kann mich nicht entscheiden

Alles ist falsch, nichts ist richtig
Ich kann mich nicht entscheiden
Nichts tut gut, nichts ist giftig
Ich kann mich nicht entscheiden
Was ist falsch, was ist richtig
Was tut gut, was ist giftig
Ich kann mich nicht entscheiden
Ich kann mich nicht entscheiden

Denn das, was ich nicht sehen kann
Auf das kann ich nicht zeigen
Und das, was du nicht wissen kannst
Darüber muss ich schweigen

Alles ist gut, nichts ist schlecht
Ich kann mich nicht entscheiden
Alles ist falsch, alles ist echt
Ich kann mich nicht entscheiden
Was ist gut, was ist schlecht
Was ist falsch, was ist echt
Ich kann mich nicht entscheiden
Ich kann mich nicht entscheiden

NULL-UHR-EXPRESS

2000, Album »Neues Glas aus alten Scherben« (TSS & Rio Reisers Band)

Schutt und Asche, Trick und Masche
Kühlschrank voll und Rentenkasse
Denkmaschinen, Blechlawinen
Stacheldraht und Stahlkabinen

Bauen, bauen, lieben, trauern
Seifenopern, Badeschaum
Polstertäter, Leisetreter
Mustermänner, Schreibtischtäter

Das ist der Null-Uhr-Express
Der Zug, der niemals hält
Bis zur Endstation
Schöne neue Welt

Volle Teller, volle Töpfe
Leere Hirne, leere Köpfe
Wundertüten, Überväter
CDU, ich zieh dich später

Bodyguards und Bombenleger
Neonazis, Menschenjäger
Nimmersatt und Allesfresser
Hosenträger und Erpresser

Das ist der Null-Uhr-Express
Der Zug, der niemals hält
Bis zur Endstation
Schöne neue Welt

Musterfrauen, Mustermänner
Menschenfresser, Menschenkenner
Sparschweine, Gefühlsruinen
Sandmänner, Rechenmaschinen

Das ist der Null-Uhr-Express
Der Zug, der niemals hält
Bis zur Endstation
Schöne neue Welt

BALD ZU HAUSE

2003, Compilation »Rio Reiser Familienalbum – Eine Hommage«

Immer wenn es dunkel wird
Sitz ich hier am Fenster
Seh zu, wie die Welt sich dreht
Und die Sonne untergeht

Die Straßen sind mit Menschen voll
Ich weiß nicht, mit wem ich reden soll
Ich hab ein Bett, aber kein Zuhause

Oh ich wünschte, ich wär bald zu Hause
Ich wünschte, ich wär bald bei dir
Oh ich wünschte, ich wär bald zu Hause
Ich wünschte, du wärst jetzt bei mir

Ich les Tausend Bücher
Und find keine Worte
Selbst zwischen den Zeilen
Nur graues Papier

Ich weiß nicht, wohin soll ich gehen
Hab genug gehört, genug gesehen
Die vollen Bars und die leeren Worte

Oh ich wünschte, ich wär bald zu Hause
Ich wünschte, ich wär bald bei dir
Oh ich wünschte, ich wär bald zu Hause
Ich wünschte, du wärst jetzt bei mir

MACH'S GUT, MACH'S BESSER

2006, Compilation »Gesamtwerk« (TSS)

Mach's gut, mach's besser, und schlaf dich aus
Ob's gut, ob's böse ist, lass es raus
Und vergiss nicht, dass nur die Märchen lügen
In denen die Guten am Ende nicht siegen
Nicht ewig fängt die Katze die Maus
Mach's gut, mach's besser, und schlaf dich aus

Mach's gut, mach's besser, und wach gut auf
Hol die Sterne vom Himmel, lass der Sonne ihren Lauf
Aber halt dein Geheimnis noch 'ne Weile versteckt
Such dir was zu essen, das lange gut schmeckt
Wer an der Straße sitzt, den bringen wir drauf
Mach's gut, mach's besser, und wach gut auf

Mach's gut, mach's besser, fang den Tag gut an
Wenn einer dich jetzt braucht, frag nicht, wann
Verbrenn sie im Ofen, die einsame Sieben
Warum soll der Prinz denn die Prinzessin nicht lieben
Sei faul und sei fleißig, wie's der Himmel kann
Mach's gut, mach's besser, fang den Tag gut an

Mach's gut, mach's besser, sing 'n neues Lied
Das alte ist müde und bald verglüht
Trink von dem Wein, ertränk Spott und Hohn
Lass Platz für alle auf deinem Thron
Wenn die Sonne wieder nach Westen zieht
Mach's gut, mach's besser, sing 'n neues Lied

Mach's gut, mach's besser, und schlaf dich aus
Mach's gut, mach's besser, und wach gut auf

ASPHALTCOWBOY

2016, Compilation »Blackbox – Frühe Deutsche Songs«

Du bist ’n Engel in der Hölle
Du bist vom selben Baum wie ich
Ich bin tot, wenn ich nicht liebe
Und wenn ich lebe, dann für dich

Nee, ich will nicht bei dir schlafen
Ich will wach sein, die ganze Nacht
Und ich will dich nicht verführen, Asphaltcowboy
Du wirst schon wissen, was du machst

Ich bin nicht krank, wenn ich dich liebe
Du bist nicht krank, wenn du mich liebst
Aber ich werd krank, wenn du nicht hier bist
Weil du vergessen willst, dass es dich gibt

Ja, ich bin vom anderen Ufer
Und der Fluss ist unsere Angst
Lass deine Sonne scheinen, Asphaltcowboy
Und der Fluss wird festes Land

Nee, ich will nicht bei dir schlafen
Ich will wach sein, die ganze Nacht
Und ich will dich nicht verführen, Asphaltcowboy
Du wirst schon wissen, was du machst

MACHT EUREN DRECK ALLEINE WEG

2016, Compilation »Blackbox – Käse und der schöne Peter«

Mittag essen, Tisch abdecken
Geschirr abspülen, Müll wegschleppen
Und dann heißt es: Komm, sei brav
Marsch ins Bett, ja, Mittagsschlaf

Ich mach das nicht mehr mit
Ich hab doch keinen Tick
Macht euren Dreck alleine weg

Schularbeiten, Deutschheft raus
Was, 'ne Vier? Du gehst heut nicht raus
Du bleibst heut zu Hause sitzen
Büffeln, ackern, lernen, schwitzen

Ich mach das nicht mehr mit
Ich hab doch keinen Tick
Macht euren Dreck alleine weg

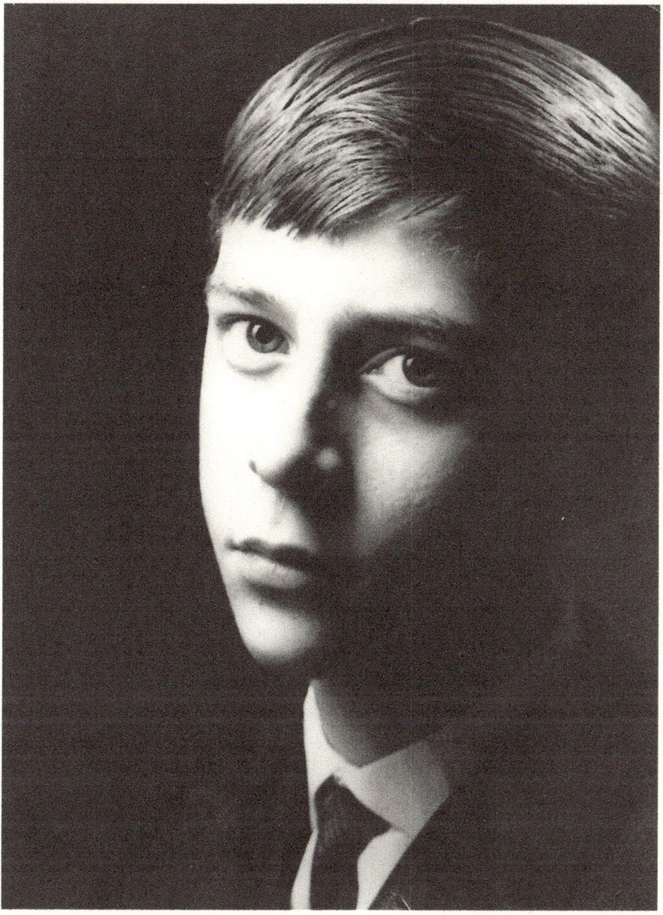

Teenager Rio in den 1960ern

DISKOGRAFIE

Die Studio-LPs von Ton Steine Scherben und Rios Solo-Alben

Ich will nicht werden, was mein Alter ist / Warum geht es mir so dreckig / Der Kampf geht weiter / Macht kaputt, Was Euch kaputt macht / Mein Name ist Mensch / Sklavenhändler / Alles verändert sich / Solidarität

erschienen 1971 auf
Ton Steine Scherben: Warum geht es mir so dreckig
David Volksmund Produktion

Wir müssen hier raus / Feierabend / Die letzte Schlacht gewinnen WIR / Paul Panzers Blues / Menschenjäger / Allein machen sie dich ein / Schritt für Schritt ins Paradies / Der Traum ist aus / Mensch Meier / Rauch-Haus-Song / Keine Macht für Niemand / Komm schlaf bei mir

erschienen 1972 auf
Ton Steine Scherben: Keine Macht für Niemand
David Volksmund Produktion

Heut' Nacht / Samstagnachmittag / Guten Morgen / Durch die Wüste / Nimm' den Hammer / Ich geh' weg / Halt Dich an Deiner Liebe fest / Wir sind im Licht / Wenn die Nacht am tiefsten ... / Land in Sicht / Komm an Bord / Steig ein

erschienen 1975 auf
Ton Steine Scherben: Wenn die Nacht am tiefsten ...
David Volksmund Produktion

Jenseits von Eden / Bleib wo du bist / Sumpf Schlock / Der Turm stürzt ein / Wie in den Tagen Midians / Vorübergehend geschlossen / Ebbe und Flut / Filmkuß / Der Fremde aus Indien / Kleine Freuden / Heimweh / Alles ist richtig / S'is eben so / S.N.A.F.T. / Kribbel Krabbel / Niemand liebt mich / Da! / Morgenlicht / Ich hab nix / Gold / Wiedersehn / (Auf ein) Happy-End

erschienen 1981 auf
Ton Steine Scherben: IV
David Volksmund Produktion

Wo sind wir jetzt / Verboten / Sternschnuppen / Regentag / Laß uns ein Wunder sein / Mama war so / Tanz! / Traum ohne Stern / La Response / Mole Hill Rockers / Hau ab / Fieber / Ardistan / Bist du's

erschienen 1983 auf
Ton Steine Scherben: Scherben
David Volksmund Produktion

Alles Lüge / Lass uns das Ding drehen / Für immer und dich / Menschenfresser / Junimond / König von Deutschland / Lass mich los / So allein / Ich leb doch / Bei Nacht

erschienen 1986 auf
Rio Reiser: Rio I.
CBS Records

Blinder Passagier / Wann? / Normal / Arche B. / Der Sommer kommt / Lass mich schlafen / Manager / Gib mir was ab / Runter zum Hafen / Über's Meer / Ich denk an dich / Stiller Raum

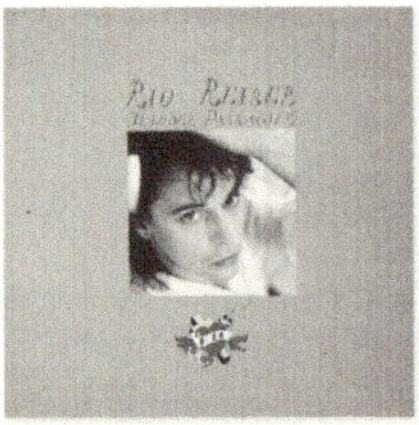

erschienen 1987 auf
Rio Reiser: Blinder Passagier
CBS Records

Aschermittwoch / Montag / Zauberland / Sonnenallee / Geld / Herbst / Signale / 4 Wände / Was weiss ich / Dahin / Alles / Sternchen

erschienen 1990 auf
*Rio Reiser: Rio****
CBS Records

Mitten in der Nacht / Wart's ab / Nimmst du mich mit / Okay / Far up / Irrenanstalt / Inazitti / Wohin gehen wir / Neun99zig / Mhm / Du – über alles / Im Süden / Matth. XI,15.

erschienen 1993 auf
Rio Reiser: Über Alles
Columbia Records

Irrlicht / Eislied / Straße / Streik / Gefahr / Erdbeben / Der Junge am Fluß / Hoffnung / Träume / Schlacht / Himmel und Erde

erschienen 1995 auf
Rio Reiser: Himmel & Hölle
Columbia Records

Alles / Aschermittwoch / Bis ans Ende der Welt / Blinder Passagier / Der Junge am Fluss / Der Sommer kommt / Du bist es / Du über Alles / Eislied / Für immer und dich/Gib mir was ab / Herbst / Hoffnung / Ich leb doch / Im Süden / Inazitty / Irrlicht / König von Deutschland / Krieg / Lass mich los / Lass mich schlafen / Manager / Menschenfresser / Mitten in der Nacht / Montag / Neun99zig / Nimmst du mich mit / Normal / Stiller Raum / Strasse / Streik / U.S.W. / Über's Meer / Vier Wände / Wann? / Wart's ab / Was ich will / Wenn du mich liebst / Wohin gehen wir / Zu Hause

Junimond

Geld

Träume / Was tun

Allein machen sie dich ein / Alles ist gut / Asphaltcowboy / Bist du's / Bleib wo du bist / Der Kampf geht weiter / Der Traum ist aus / Der Turm stürzt ein / Die letzte Schlacht gewinnen wir / Durch die Wüste / Feierabend / Fieber / Frühlingssturm / Halt dich an deiner Liebe fest / Hau ab / Herzverloren / Heute Nacht / Ich geh weg / Ich will ich sein / Ich will nicht werden, was mein Alter ist / Jenseits von Eden / Keine Macht für Niemand / Komm an Bord / Komm schlaf bei mir / Land in Sicht / Lass uns ein Wunder sein / Machs gut, machs besser / Macht euren Dreck alleine weg / Mama war so / Mein Name ist Mensch / Mensch Meier / Menschenjäger / Mole Hill Rockers / Nicht nochmal / Nimm den Hammer / Null-Uhr-Express / Rauchhaus-Song / Samstagnachmittag / Schritt für Schritt ins Paradies / Sei mein Freund / Sklavenhändler / Solidarität / Steig ein / Tanz / Verboten / Weit von hier / Wenn die Nacht am tiefsten, ist der Tag am nächsten / Wir müssen hier raus / Wo sind wir jetzt / Wovon träumst du

Bald zuhause / Ich bin müde / Komm doch her / Regentag

Danke an alle, die Beiträge für dieses Buch geschrieben haben sowie an Benedikt Zopes, Ingo Rüdiger, Jochen Schneider, Lutz Stöver, Paul Vangenhassend, Robert Kneschke (von Riolyrics.de), Sarah Geugis und Wolfgang Seidel.

Ein besonderer Dank an die Familie Möbius (Cäcilie Möbius, Gert C. Möbius, Sibyll Möbius, Susanne De Aloisio) für die Unterstützung bei diesem Projekt.

KURZBIOS

Annette Simons schloss sich 1980 mit drei Schulfreunden zur Band *Bärchen und die Milchbubis* zusammen. Das Projekt hielt drei Jahre und beeinflusste die deutsche Punkszene über die Hannoverschen Grenzen hinaus. Heute lebt sie in Hamburg, ist Grafikdesignerin und macht wieder mit *Bärchen und die Milchbubis* Musik.

Angie Olbrich war als Percussionistin und Chorsängerin bei Ton Steine Scherben, zog mit der Band nach Fresenhagen und gründete dort 1979 mit *Carambolage* eine der ersten deutschen New-Wave-Bands, die sich ausschließlich aus Frauen zusammensetzten.

Bernadette La Hengst. Als Sängerin der Band *Die Braut haut ins Auge* prägte sie in den 90er Jahren deutschsprachige Popmusik und vor allem die sogenannte Hamburger Schule. Seit Auflösung der Band bringt sie als Solokünstlerin regelmäßig Alben heraus und arbeitet seit vielen Jahren auch als Theatermusikerin und Regisseurin.

Bettina Flörchinger ist Gründungsmitglied von *Östro 430*. Sie studierte neben ihren musikalischen Aktivitäten Medizin und arbeitete nach dem vorläufigen Ende der Band lange als Gynäkologin in einer eigenen Praxis. Heute ist sie wieder als Musikerin aktiv und mit *Östro 430* auf Tour.

Brezel Göring macht seit seiner Schulzeit Musik. Einem breiten Publikum ist er vor allem durch das LoFi-Popduo *Stereo Total* bekannt. Seit dem Tod seiner Bandkollegin Françoise Cactus ist der Wahl-Berliner als Solokünstler aktiv.

Brix Schaumburg ist gelernter Musicaldarsteller und in verschiedenen Fernseh- und Filmrollen zu sehen. Außerdem ist er Synchronsprecher und Moderator.

Cäcilie Möbius ist die Tochter von Rios ältestem Bruder Peter Möbius. Sie ist gemeinsam mit Benjamin Gesing und dem Kulturzentrum Lindenbrauerei e.V. in Unna für den Rio Reiser Songpreis verantwortlich. Cäcilie ist Veranstalterin und lebt in Berlin.

Claudia Roth war von 1982 bis 1985 Bandmanagerin von Ton Steine Scherben. 1985 wechselte Roth in die Politik und ist seitdem dort aktiv; unter anderem als Fraktionsmitglied der Grünen im Bundestag, als Abgeordnete im Europäischen Parlament und heute (2024) als Staatsministerin für Kultur und Medien.

Desiree Klaeukens ist Musikerin und Schauspielerin aus Berlin. Seit 2013 veröffentlicht sie Musik als Solokünstlerin und in mehreren Projekten.

Egon Bunne lebte von 1974 bis 1978 mit Ton Steine Scherben in Berlin und Nordfriesland und studierte von 1982 bis 1986 an der Deutschen Film- und Fernsehakademie Berlin. Er erhielt zahlreiche Auszeichnungen, unter anderem 1986 den ersten Preis der Videonale Bonn und 1990 den Egon-Erwin-Kisch-Preis der Internationalen Leipziger Filmwoche. 1992 ging Bunne als Studioleiter mit Lehrdeputat an die Staatliche Hochschule für Gestaltung Karlsruhe und wechselte 1996 als künstlerisch-wissenschaftlicher Mitarbeiter an die Kunsthochschule für Medien Köln. Von 2002 bis 2018 war er Professor für Elektronisches Bild an der Hochschule Mainz. In den letzten zwei Jahrzehnten realisierte er Projekte für das deutsche Fernsehen, die er als Kunst im öffentlichen Raum oder auch als Kunst am Bau betrachtet.

Frank Spilker sorgt mit seiner Band *Die Sterne* seit 1991 dafür, dass Popmusik in diesem Land spannend bleibt. Er ist außerdem Hörspiel- und Buchautor und lebt in Hamburg.

George Glueck kam in den Siebzigern von New York nach Berlin und war in den Achtzigern Manager von Rio Reiser und weiteren erfolgreichen Künstler:innen. Glueck war außerdem Geschäftsführer von X-Cell Records und Sing Sing Records. Auch heute noch arbeitet er als Manager, unter anderem für Sarah Connor.

Gert C. Möbius ist Rio Reisers Bruder. Er war in der Berliner Hausbesetzerszene aktiv, Manager von Ton Steine Scherben und arbeitete als Drehbuchautor für Film und Theater. Nach dem Tod seines Bruders baute er das Rio Reiser Archiv auf.

Gunnar Spies ist Schlagzeuger und Komponist und spielte ab den Neunzigern unter anderem in Bands wie *Syksy, Desmond Q Hirnch* und *MIA*. Er war beteiligt am 2000 veröffentlichten Cover-Album »Keine Macht für Niemand« von den *Erben der Scherben*.

Hank Schmidt in der Beek ist bildender Künstler, Dichter, Musiker und Publizist. Als Sänger der Pubrock-Band *Das Lunsentrio* brachte er sich unter anderem 2023 mit dem Song »These, Antithese und Synthese zur Beibehaltung des Namens Heinrichplatz für den Heinrichplatz« in die Debatte um den Kreuzberger Rio-Reiser-Platz ein.

Hans Nieswandt. Der DJ, Musikproduzent und Autor aus Köln lebt mittlerweile in Tokio. Neben seinen Aktivitäten als Solokünstler ist er außerdem als Teil von Whirpool Productions bekannt geworden. Als Musikjournalist schrieb er für die *Spex* und ist heute unter anderem Autor für die *taz*. Als Buchautor liegen von ihm bisher drei Bücher zu popkulturellen Themen vor.

Harry Rag ist das Pseudonym von Peter Braatz, dem Sänger der Band *S.Y.P.H.* Er ist außerdem freischaffender Filmemacher und Produzent und lebt in Ljubljana und Solingen.

Ingo Scheel ist Journalist, Musiker und Buchautor. Er veröffentlicht unter anderem in *Mint, Visions, Galore, Musikexpress,* schreibt aber auch für *n-tv*, den *stern* und viele mehr. Er lebt und arbeitet in Hamburg.

Jan Plewka ist Musiker und Schauspieler, bekannt vor allem als Sänger der Band *Selig*. Seit 2005 tourt Plewka erfolgreich mit seinem Performance-/Konzert-Programm *Jan Plewka singt Rio Reiser.*

Jörg Schlotterer. Ton Steine Scherben gründeten in seiner Wohnung in Berlin-Kreuzberg ihre erste Kommune. Er war von 1971 bis 1978 Teil der Band und spielte Flöte, unter anderem auch auf »Keine Macht für Niemand«. Er steht inzwischen wieder mit dem Rest der Scherben-Family zu verschiedenen Anlässen auf der Bühne.

Kai Sichtermann, seit 1969 mit Rio Reiser bekannt. Er war Bassist und Gründungsmitglied von Ton Steine Scherben. Nach deren Auflösung im Jahr 1985 veröffentlichte er mit zwei Co-Autoren eine Bandbiografie und nahm weitere Alben auf. 2010 ging Sichtermann wieder auf Tour mit mehreren ehemaligen Bandmitgliedern; bis heute ist er in wechselnden Formationen musikalisch aktiv.

Manuel Bittorf. Der 1994 in Bad Salzungen geborene Manuel Bittorf ist als Musiker und Schauspieler unter dem Namen Betterov bekannt. Seine ersten Bühnenerfahrungen sammelte er an einem freien Theater in Eisenach, anschließend studierte er Schauspiel an der Universität der Künste in Berlin und begann parallel damit, als Musiker in Kneipen und Clubs aufzutreten. 2022 erschien sein hochgelobtes Debütalbum *Olympia*, das auf Platz 5 der deutschen Charts einstieg und von einer ausverkauften Tour begleitet wurde.

Martina Weith ist Sängerin und Saxofonistin von *Östro 430*, von 1979–1984 die einzige weibliche Band aus der Szene in und um den Ratinger Hof. Als Gründungsmitglied ist sie auch seit der Reunion im Jahr 2019 wieder in der Band aktiv. Die Gruppe beteiligte sich 2020 mit einem Song an der Compilation *Wir müssen hier raus: Eine Hommage an Ton Steine Scherben & Rio Reiser.*

Michael Girke ist Autor, Singer-Songwriter, Kritiker, Dozent. Als Liedermacher beeinflusste er mit seiner Band *Jetzt!* maßgeblich die Hamburger Schule. Er lebt in Herford, schreibt für diverse Zeitungen und veröffentlicht weiterhin Musik.

Michael »Elf« Mayer ist Gründungsmitglied der legendären Polit-Punkband *Slime*. Die Band ist stark beeinflusst von Ton Steine Scherben und coverte auch zahlreiche Scherben-Songs. Elf spielte zudem bei Abwärts und den Mimmi's.

Misha Schoeneberg war von 1981 bis 1985 Tourmanager von Ton Steine Scherben und viele Jahre der Partner von Rio Reiser. Schoeneberg war auch aktiv als Bühnen- und Lichtdesigner und Texter für die Band und Rio Reisers Soloprojekte. Nach eigenen Soloprojekten, einer wissenschaftlichen Karriere und mehreren Romanveröffentlichungen tritt er heute wieder im Vorprogramm von Scherben-Konzerten auf.

Niels Frevert ist ein Sänger und Songwriter aus Hamburg. In den frühen 1990er Jahren veröffentlichte er mit seiner Band *Nationalgalerie* vier Alben. Seit 1997 ist er als Solokünstler aktiv.

Nikel Pallat war Manager und auch Musiker von Ton Steine Scherben. Später gründete er den Musikvertrieb Indigo und lebt heute in Bremen.

Oliver Minck lebt in Köln als Journalist, Texter und freiberuflicher Übersetzer, vor allem ist er aber Sänger, Gitarrist und Songwriter. Bekannt wurde er unter anderem als Teil des Pianopop-Duos *Wolke*.

R.P.S. Lanrue war Gründungsmitglied von Ton Steine Scherben und Jugendfreund von Rio Reiser. Beide zogen in den Sechzigern aus Hessen nach Berlin; es folgte die Gründung von Ton Steine Scherben, bei denen Lanrue (der eigentlich Ralph Peter Steitz heißt) bis zur Auflösung Mitglied war. Er produzierte außerdem Theater- und Filmmusik und spielte in mehreren Filmen mit. Nach der Auflösung von Ton Steine Scherben im Jahr 1985 folgten Kollaborationen auf Rio Reisers Soloalben.

Reinhard Mey ist einer der bekanntesten deutschen Liedermacher. Seit Mitte der 1960er Jahre veröffentlicht er Alben, neben seiner Muttersprache auch auf Französisch und Niederländisch. Er engagiert sich in diversen gemeinnützigen Projekten wie zum Beispiel der Deutschen Gesellschaft zur Rettung Schiffbrüchiger.

Schorsch Kamerun ist Sänger der *Goldenen Zitronen,* Romanautor und Theaterregisseur. Dazu ist er Mitgründer des Golden Pudel Club auf St. Pauli.

Sebastian Krumbiegel ist Musiker, Texter, Komponist, Autor und Mitgründer der *Prinzen,* mit denen er zahlreiche Hits hatte. Zusätzlich ist er als Solokünstler aktiv, veröffentlicht Musik und geht mit Konzerten und musikalischen Lesungen auf Tour. Seit vielen Jahren engagiert er sich gegen Rassismus, Fremdenfeindlichkeit und soziale Ungerechtigkeiten. Krumbiegel lebt und arbeitet in Leipzig.

Sten Servaes ist Komponist, Texter und Produzent unter anderem für die von ihm gegründete Band *Klee.* Außerdem schreibt und produziert er Musik für andere Künstler:innen, Kinofilme oder Fernsehserien.

Stoppok. Stefan Stoppok machte eigentlich schon immer Musik und hat bis heute nicht damit aufgehört. Ab Mitte der 1970er Jahre reiste er als Straßenmusiker durch Europa, lernte als Autodidakt allerlei Instrumente zu spielen und hat so im Laufe der Jahrzehnte an die dreißig Alben veröffentlicht.

Thees Uhlmann ist Musiker und Autor und wurde zunächst als Songwriter und Sänger von *Tomte* bekannt. Er ist Mitbegründer des Hamburger Indie-Labels Grand Hotel van Cleef und inzwischen als Solokünstler aktiv.

Thomas Schwebel ist Musiker und Drehbuchautor und war als Mitglied legendärer Bands wie *S.Y.P.H., Mittagspause* und *Fehlfarben* seit Ende der 70er maßgeblich an der Entwicklung der Punkszene beteiligt. Als Autor war er unter anderem für *Sounds, Spex* und *Rolling Stone* tätig und lebt heute in Hamburg.

Thorsten Nagelschmidt ist Sänger, Gitarrist und Texter der Band *Muff Potter* und zudem Autor zahlreicher Romane. Er gründete Anfang der 90er das Punk-Fanzine *Wasted Paper.* Nagelschmidt lebt in Berlin.

Tim Fischer ist Chansonnier und Schauspieler. Er stand schon mit 15 Jahren das erste Mal auf der Bühne und ist seitdem sowohl im Film als auch im Theater tätig. Seine Musik wurde mit einer Vielzahl von Veröffentlichungen gewürdigt. Songs von Rio Reiser sind immer wieder ein Teil seines Bühnenprogramms.

Tom Stromberg ist Theaterproduzent, Regisseur und Intendant, unter anderem am Theater am Turm in Frankfurt und am Deutschen Schauspielhaus in Hamburg. Er vertritt mit seinem Berliner Büro als Agent und Berater verschiedene Künstler aus dem Theaterbereich. Er lehrte außerdem an verschiedenen deutschen und österreichischen Hochschulen und ist derzeit Senior Mentor an der Hochschule für Schauspielkunst Ernst Busch, Berlin.

Torben Möller-Meissner ist Sänger, Gitarrist und Gründer der Hamburger Ska-Punk-Band *Rantanplan,* mit der er seit fast 30 Jahren auf der Bühne steht.

Wolfgang Seidel ist Gründungsmitglied von Ton Steine Scherben, verließ die Band aber schon 1972 wieder, um unter anderem mit Conrad Schnitzler zu arbeiten. Mit seinem eigenen Bandprojekt *Populäre Mechanik,* aber auch in vielen weiteren Konstellationen und mit unterschiedlichsten Mitmusiker*innen veröffentlicht er regelmäßig Alben. Daneben ist er auch als Autor aktiv.

Frank Spilker
Ich scheiß auf deutsche Texte
Ausgewählte Songtexte
ISBN 978-3-95575-212-5

Christiane Rösinger
Was jetzt kommt
Ausgewählte Songtexte
ISBN 978-3-95575-183-8

Carsten Friedrichs
Später kommen, früher gehen
Ausgewählte Songtexte
ISBN 978-3-95575-184-5

Bernd Begemann
Gib mir eine zwölfte Chance
Ausgewählte Songtexte
ISBN 978-3-95575-185-2

www.ventil-verlag.de

Wolfgang Seidel (Hg.)
Scherben
Musik, Politik und Wirkung der Ton Steine Scherben
ISBN 978-3-95575-127-2

Buskies/Engelmann (Hg.)
Keine Macht für Niemand
Ein Ton Steine Scherben Songcomic
ISBN 978-3-95575-181-4

Jonas Engelmann
Der Text ist meine Party
Eine Geschichte der Hamburger Schule
ISBN 978-3-95575-211-8

Uwe von Trotha
Aus dem Leben eines Bastards
Checkpoint Charlie vs. BRD
ISBN 978-3-95575-222-4